JN092890

NEWフリーランスの稼ぎ方

the way to
make money as
a "new freelance"

山口拓朗

明日香出版社

はじめに

・この会社でずっと働き続けていけるのだろうか？
・リストラや単身赴任、望まない部署への配置転換にあったらどうしよう？
・自分にも何か新しいチャレンジができるのではないだろうか？
・自分の力でもっと稼ぎたい
・もっと自由な働き方をしたい
・もっと充実感のある生き方をしたい

あなたも、似たようなことを考えたことがあるのではないでしょうか。

ズバリ、言います。
「会社員＝安心・安泰」という時代は、すでに終わりました。
「終身雇用」は崩壊へ向かっています。社内失業者が増え、早期退職者を募る企業も増えています。あなたの会社がどの規模であれ、倒産やリストラは、あなたと無関係ではありません。
会社という後ろ盾がなくなったとき、あなたには何が残っていますか？　残念ながら、多くの場合、会社で培ったスキルは、会社内でしか使えないものです。

「NEW フリーランス」はわたしがつくった造語です。
時代の変革期の中で生まれた、新たなフリーランスの形態です。

本書があなたに届ける、「新しい働き方」、いえ、「新しい生き方」の提案と言ってもいいでしょう。

ご存知のとおり、フリーランスとは、特定の企業と雇用契約を交わすのではなく、案件ごとに、自由に契約できるスタイルの働き方です。

ライター、デザイナー、プログラマー、エンジニア、プランナー、イベンター、マーケッター、トレーナー、インストラクター、コンサルタント、経理、事務、秘書、〇〇士（士業）……など、その職種は多岐にわたります。

彼ら彼女らが手にしているのは、一朝一夕には獲得できない専門性とスキルです。

従来のフリーランスは、収入源のほとんどが、いわゆる「請負仕事」でした。「請負」ですので、企業から必要とされなくなれば、当然、仕事はなくなります。

一方、本書が提案する**NEWフリーランスは、インターネット時代の利点を活かし、「パーソナルブランディング」と「CtoC型サービス提供」にも力を入れる人たちのことです。**（※）

パーソナルブランディングとは、文字どおり、「Personal（＝個人的な）＋ Branding（＝ブランド化）」です。SNSを含むオンラインのインフラが整ったことによって、わたしたちは自分の力で、自分のブランドをつくることができるようになりました。

※ CtoCとは「Consumer to Consumer（個人間取引）」のこと。個人であるフリーランスが消費者に対してサービスを提供する形態も広義にはCtoCに含まれる。ちなみに、BtoBは企業同士の取引、BtoCは企業が消費者に商品やサービスを販売する形態を指す。

ブランド価値を高めることで、地域を問わず、仕事の依頼がきやすくなるほか、自身のサービスも提供しやすくなります（そして、購入されやすくなります）。

NEWフリーランスとは、「仕事を請け負う」＋「CtoC型サービスを提供する」のハイブリッド型なのです。

NEWフリーランスの最大のメリットは、従来型フリーランスが抱えていた「不安定な収入」と決別できる点にあります。

NEWフリーランスは、従来の「掛け捨て型（請負仕事）」に、長期的にリターンを得ることができる「積み立て型（サービス提供）」を組み合わせる働き方です。

わたし自身、出版社を退職した2002年からしばらくの間は、一介のフリーライターとして請負仕事に精を出しました。当時は「1ページいくら」の原稿執筆をこなす以外に道がなかったのです。

転機が訪れたのは、ブログを書きはじめた2010年です。「文章の書き方」をテーマに情報発信をスタートさせたことで人生の景色が一変しました。

自分の専門性とスキルを活かして読者の「悩み解決」をしているうちに、たくさんの人に喜ばれるようになりました。そして、いつしか、それまでとは違う仕事が、それまでとは違うルートで、たくさん入ってくるようになりました。

また、「文章の書き方を教える」という仕事をつくり、自身の塾やサロンを立ち上げてきました。「文章の専門家」としてブランディングできた今では、マスメディアからの取材・出演依頼や、企業からの講演やコンサルティングの依頼が後を絶ちません。

2011年に出版デビューしてからはコンスタントに出版の依頼をいただき、本書で21冊目です。中国や韓国、台湾でも15冊以上の翻訳書が出版されています。

極めつけは新進気鋭の中国企業に招聘されて、中国の6都市で講座を行っていることです。「スーパーライター養成講座」はすでに23期を迎え、講座受講者は1000名を超え、中国国内で50名以上を出版デビューへ導きました。

これらの仕事の源流はすべて「ブログを書きはじめたこと」にあります。

たとえ今、すべての「請負仕事」を切られても、わたしが慌てることはありません。

なぜなら、「文章の専門家」としてブランディングできているからです。

NEWフリーランスの最大のアドバンテージは、「仕事を請け負う」だけでなく、その専門性とブランド力を活かして、自らサービスを生み出していける点にあります。

本書のノウハウは「○○をすれば、月商100万円稼げます」という類いのインスタント性はありません。しかし、大局を見ながら(戦略を立てながら)、愚直に行動し続けることにより、確実に、そして、長期的に稼ぐ力がついていきます。

行き先不透明な時代の中で、たくましく生きていく「雑草のような生き方」を身につけることができます。

NEW フリーランスの活動は、一つひとつ石を積み上げていく「石垣づくり」に似ています。丁寧につくり上げた石垣は、ちょっとやそっとでは崩れません。強さとしなやかさを兼ね備えています。この石垣こそが、やがて換金可能なブランドへと育っていくのです。

本書では、第1章で「フリーランスに追い風が吹いている現状」について、第2章では「請負仕事で地固めをする方法」についてお伝えします。

そのうえで、第3章では「高く売れるサービス（商品）のつくり方」、第4章では「稼ぐためのSNSの利用法」について解説します。

さらに、第5章では「情報発信の効果を最大化するための文章術」を伝授します。

複雑化・多様化した社会の中で、NEW フリーランスという生き方は、人生の選択肢と可能性を広げます。それは、取りも直さず、その人自身に幸せをもたらすものだと確信しています。

さあ、準備はいいですか？　可能性に満ちたNEW フリーランスの世界へと案内します。

山口 拓朗

もくじ

第1章
フリーランスで稼ぐ時代がやってきた

第２章
まずは「請負仕事」で地固めをする

第３章
高く売れるサービス（商品）をつくる

第４章
稼ぐための SNS の利用法

第5章 情報発信の効果を最大化するための文章術

○カバーデザイン　西垂水敦・市川さつき（KRRAN）

第1章

フリーランスで稼ぐ時代がやってきた

01 「起業家」と「フリーランス」は何が違う？

「起業家」と「フリーランス」。このふたつの何が違うのでしょうか？　以前までであれば、次のような説明で事足りました。

◎ 起業家：自ら事業をつくり出し、商品やサービスを販売していく人。会社創業者や店舗の開業者、個人事業主など多種多様なスタイルがある
◎ フリーランス：組織に属さず、企業から請け負った業務を遂行する人（おもに個人事業主）

起業というと、事業の立ち上げ時の「初期費用」に加え、その後も「投資 → 回収 → 投資 → 回収」のサイクルを回し続けなければいけない、と思っている人が多いと思います。つまりは“やたらお金がかかる”というイメージです。

現に、つい最近までは、起業を夢見る人の中にも「資金がないから断念する」という人が大勢いました。「ハイリスク・ハイリターン」が起業の宿命だったのです。

その点、「請負仕事」を基本とするフリーランスは、自身の専門性やスキルを提供することによって企業から報酬を得るスタイルです。リターンこそ大きくはありませんが、身ひとつではじめられる手軽さと自由さがあります。起業に比べて「ローリスク・ローリターン」な働き方と言えるでしょう。

しかし、インターネットやSNSの台頭によって、状況は一変しました。初期費用や運転資金をかけず誰でも気軽に起業できるようになったのです。事務所もいらなければ広告費用もいらない。そういう起業が可能になりました。

事実、今ではビジネスパーソンの独立起業だけでなく「主婦の起業」や「学生の起業」も珍しくなくなりつつあります。

この流れの中で可能になったのが「NEW フリーランス」という働き方です。

インターネットやSNSの台頭は、「請負仕事」一辺倒だったフリーランスにも新たな可能性を切り拓いてくれました。

とはいえ、その状況をチャンスと捉えている人はまだ少数。すでにフリーランスとして活動している人の中にも、「請負仕事」という従来型のスタイルに縛られている人が少なくありません。〈そういうもの〉だと思い込んでいるのでしょう。

「はじめに」にも書きましたが、**NEW フリーランスとは、「仕事を請け負う」＋「CtoC 型サービスを提供する」のハイブリッド型です。**（※）

難しく考えることはありません。フリーランスを目指しているあなた（あるいは、すでにフリーランスとして活躍しているあなた）には、そもそも高い専門性とスキルがあるはずです。それらを請負仕事の場面だけでなく、さまざまな形に加工・編集して世の中に届けていけばいいのです。取り組み方次第では「ローリスク・ハイリターン」な働き方へとシフトすることができるでしょう。

※物理的なモノ（商品）を売ることもできますが、本書ではNEW フリーランスの売り物の多くが「無形のサービス」であることに鑑みて「サービス」という言葉で統一します。

02 社会変革がフリーランスの追い風に？

◆「会社の変革」が追い風に！

グローバル化、デジタル化、IT 化、AI 化など、今の企業は常に変化・変革が求められています。

変化の大きさとスピードについていけず「自社の人材では対応しきれない」と頭を抱える経営者も少なくありません。

また､リモートワークの広まりによって､仕事は同じ場所に集まってするもの、という常識が崩れ去りつつあります。こうした状況下で、企業が「アウトソーシング（外部委託)」を加速させるのは当然のことでしょう。

現に、フリーランスの割合が多かったクリエイティブ領域だけでなく、事務や経理、秘書などの業務をフリーランスでまかなう企業も増えています。

さらに、この先「タスク型」と呼ばれる雇用を取り入れる企業が増えると予想されています。

タスク型とは、そのとき生まれたプロジェクトに必要な人材を、必要な期間だけ採用する雇用形態です。プロジェクトが終われば解散するため､「雇用」というよりは「契約」に近いシステムです。もともと請負仕事を主戦場にしているフリーランスにとって、タスク型の台頭は「渡りに船」と言えるでしょう。

社会全体が「社内で完結する仕事」から「外部と連携する仕事」

へとシフトしつつある中で、フリーランスの活躍の場が増えているのです。

◆「商取引の変革」が追い風に！

昨今、SNSを含むオンラインサービスの充実や、マッチングアプリを含むシェアリングエコノミーの発達などにより、一般消費者（Consumer）間で行われる取引（いわゆる「CtoC」）が増えてきました。シェアリングエコノミーとは、インターネットを介して、モノやスキル、場所、時間などを共有する経済システムです。

この流れもフリーランスには追い風です。なぜなら、フリーランスは優れた専門性とスキルの保有者だからです。

個人からの仕事の発注は規模が小さすぎるため、企業では請け負えないケースがままあります。その点、フリーランスは自由度が高く、融通が利きやすい。つまり、一般消費者にとって「かゆいところに手が届く存在」なのです。

裏を返せば、個人が発注しやすい（発注したくなる）サービスを用意しておくことで、既存の「請負仕事」とは異なる収入源をつくることができるようになったのです。

企業を通さずに行う経済活動が活性化する中、NEWフリーランスが果たす役割は小さくありません。近視眼的なものの見方ではなく、視点を上げて、（インターネット上を含む）社会全体を俯瞰してみましょう。そこかしこにビジネスチャンスが転がっていることに気づくはずです。

03 NEW フリーランスは、もはや「人脈が命」ではない

今から 15 年以上前、わたしがフリーランスとして独立した当初、フリーランスは人脈が命でした。なぜなら、仕事はすべて人を介してやってきていたからです。

当時は、仕事を増やしたければ、人に紹介してもらうか、自ら営業をするしかありませんでした。ときには、出版業界関係者が集まる飲み会にムリやり顔を出すこともありました。「人脈を広げる＝仕事の獲得確率を高める」だったのです。

もちろん、今でも人脈の大切さは変わりません。人が人を、人が仕事を連れてきてくれることはよくあります。

一方で、2020 年代の今、もはや「人脈が命」ではなくなりつつあります。その理由こそが、わたしが NEW フリーランスを提唱する理由と重なります。

わたし自身の経験で言えば、公式サイトや SNS を使って情報発信をスタートさせたことで、仕事内容とお金の稼ぎ方に変化が生まれました。まったく面識のない企業から突然、仕事が舞い込むケースが増えたのです（同様に、個人からの仕事依頼も増えました）。

これは、仕事の発注側に「ある変化」が起きたことを意味します。それまでは、**限られた人脈の中から仕事の発注先を決めていた企業が、インターネット上で、その案件に最適な人材（フリーランス）を探すようになったのです。**

裏を返せば、いくら人脈があっても、インターネット上にいるほかのフリーランスに、その仕事を奪われる可能性もある、ということです。

これはメリットなのか？　それともデメリットなのか？

少なくとも、NEW フリーランスを目指すあなたは、これをメリットと捉えなければいけません。「人脈」という名の商圏が取り払われた今、わたしたちは、真に自由な働き方と安定した収入を得ることができるようになりました。

ただし、その世界へ完全移行するためには、ひとつだけクリアしなければいけない条件があります。それは、あなたの専門性とスキルをベースに「情報発信スタイルのパーソナルブランディング」に取り組む、というものです。取り組みはじめた瞬間から、あなたの人生は驚くほど大きく動き出すでしょう。

人脈からネットで人材を探す時代に

04 あなたの「箱」には何が入っていますか？

世の中には、フリーランスという働き方に、漠然と興味を抱いている人が少なくありません。しかし、フリーランスというのは単なる「箱」にすぎません。大事なのは、その箱に何を入れるか、です。空箱ではなんの意味もありません。

残念ながら「継続力」「コミュニケーション力」「協調性」――のようなものは、箱の中身になり得ません。それらは、箱を下支えする土台のようなものです。**フリーランスという箱には「人に買ってもらえる専門性とスキル」で「そう簡単にほかの人に代替されないもの」を入れておく必要があります。**

もしもあなたが「人に買ってもらえる専門性とスキルが乏しい」と自覚しているなら、会社員時代にその武器を身につけましょう。

文章力、デザイン力、動画撮影&編集力、イラスト作成力、プログラミングスキル、プロデュース力、翻訳スキル、アナウンス力、講師力など、どんなものでも構いません。**買ってもらえる武器があれば、どんな職種でもフリーランスになることはできます。**

わたしの周りにはフリーランスの経理や事務、秘書などもいます。プロジェクトごとに動く企業が増えてきた昨今では、マーケッターやバイヤー、プランナー、イベンター、コンサルタントなども重宝されています。

あなたのフリーランスという「箱」には何が入っていますか？

05 AI に代替されない創造性が必要

一点、注意しなければいけないのが「長期的な視点」です。

今後、AI 化の波が襲いかかってきたとき、自分のスキルが淘汰されることはないのか？　その見極めをしなければいけません。

有り体に言えば、**機械や AI に代替されてしまうスキルは武器にはなりません。**

すでにフリーランスとして活動している人は、自分の仕事が形式化・ワンパターン化されすぎていないか、注意深く見ていく必要があります。そうした仕事は AI が最も得意とするところだからです。

一方で、その人の創造性が発揮されるスキルは、AI 社会の中でも生き残ります。

この場合の創造性とは――「誰かと協調する」「人の感情に寄り添う」「人に行動を促す」「臨機応変に対応する」「議論や交渉をする」「企画を立てる」「目標を設定する」「仮説を立てる」「〇〇の発想を思いつく」――など、高度で複雑な思考やコミュニケーションを要する場面で発揮されるものです。

端的に言うと、状況を見極めながら「その都度、最適なアイデアを出せる人材」であれば、AI に仕事を奪われる心配はありません。

あなたの専門性やスキルには、AI に代替されない創造性が含まれていますか？　本格的な AI 時代が到来する前に、自身の「創造性」に磨きをかけていきましょう。

06　フリーランスは利益率がいい？

メーカーや物販、店舗経営などのビジネスでは、家賃や人件費、原材料費、仕入れ費用など、少なからず金銭的コストがかかります。売上が50万円でも、そこにかかるコストが30万円なら、単純に利益は20万円です。

その点、（職種にもよりますが）フリーランスの利益率は相対的に高めです。

例えば、自宅を事務所代わりにしている人であれば、金銭的なコストはほとんどかかりません。1人で動いているので人件費もゼロ。通信費、光熱費、交通費、資料費などが多少かかる程度でしょう。月の収入が50万円でも、実質の経費は3万円程度というケースもあります。利益率の高さは大きなアドバンテージです。

フリーランス志望者の中には、「収入が不安定そうで心配」と言う人が少なくありません。

もちろん、収入には注目すべきですが、大事なのは、**フリーランスは経費（支出）を抑えられる働き方である**という点です。独立するときに大きな元手を用意する必要もありません（念のため、半年間食べていけるくらいの貯金はしておきましょう）。

NEWフリーランスが提供するCtoC型サービスについても、その開発にかかるコストは驚くほど低く抑えることができます。ほとんどの場合、在庫を抱える心配がありません。

固定費がかかるビジネスでは、社会情勢や景気が悪化した際、売上が立たないにもかかわらず、お金ばかりが出ていき……資金ショートしてしまうケースも珍しくありません。

一方、専門性とスキルで勝負するフリーランスは、固定費が少ない分、収入減による打撃も最小限です。これは精神衛生上、極めて大きなメリットです。

フリーランスなら経費が少ない

店舗やオフィスの家賃

人件費

在庫の保管料や仕入れ費用

07 フリーランスの初期投資は「最小限に」がキホン

フリーランスになる際、あれこれお金をかけてしまう人がいます。

「オフィスを借りよう」「パソコンやスマートフォンを新調しよう」「機材や道具を一新しよう」「デスクやイスを新調しよう」「スタッフを雇おう」という具合です。

気持ちはわかりますが、それは「今すぐ」「本当に必要」なのでしょうか。

中でも危険なのが「オフィスを借りる」です。オフィスの家賃は固定費です。家賃が月7万円だとしたら、年間で84万円が出ていく計算です。そこに光熱費などがかかります。

まだ仕事が軌道に乗っていないフリーランスにとって、毎月確実に出ていく支出があることは大きなプレッシャーです。

その仕事は自宅でできませんか？　どうしても自宅で仕事ができないようならシェアオフィス（都内で月額1、2万円～）を借りるという手もあります。あるいは、1日予算700円でカフェを渡り歩けば、1カ月に2万円以下で済ませることもできます。

幸いにも打ち合わせなどのオンライン化が進み、テキストやファイルのやり取りもほぼオンラインで済ますことができます。

職種にもよりますが、**仕事が軌道に乗るまでは「オフィスを借りない」が鉄則。**フリーランスの第一歩は「とにかく小さく」がセオリーです。

08 フリーランスとして働く7つのメリット

①「時間」が自由になる

「9時5時（クジゴジ）」で働く人にとって時間は自由なものではありません。

遅刻は厳禁。会議の時間は決まっている。たとえ仕事が片づいても終業時間まではオフィスにいなければいけない。避けがたい残業がある。これらは会社員であればよくあることでしょう。

その点、フリーランスの時間は自由そのもの。何時に起きてもいい。疲れたら昼寝をしてもいい。空いている時間帯にジムやマッサージに行くこともできます。**会社や組織に依存しないワークスタイルには「時間的拘束からの解放」が含まれています。**

わたしの場合、娘が小さい頃は、幼稚園や学校の行事にすべて参加していました。幼稚園から戻ってきた娘と一緒に公園に遊びに行くこともあれば、妻と買い物や映画にもよく行きました。旅行に行くときは、あらかじめ予定を空けておけばいいだけのことです。

もちろん、仕事が立て込めば、時間に追われることもありますが、基本的には与えられた24時間を自分でデザインし、コントロールすることができます。

中には、フリーランスになることで会社員時代よりも仕事時間が増える人もいるでしょう。しかし、その「時間の質」は、会社に束縛されていたときのそれとは別物です。ストレスのない仕事に打ち込みながら、自分が得意とする専門性とスキルを磨き、自分の市場価値を高めていける時間は格別です。

②「通勤」から解放される

通勤する必要がない。フリーランスにとって、これは相当に大きなメリットです。

コロナ禍以前のデータでは、日本人の平均通勤時間は、全国平均で往復1時間19分でした。（※）1年（240日）で316時間、40年で1万2640時間を移動に費やしている計算です。

フリーランスになると、この時間を取り戻すことができます。

わたしの場合、朝起きた直後のフレッシュな脳を使ってクリエイティブな仕事に没頭します。多くの人が通勤している時間帯に生産性の高い仕事を済ませているのです。

もちろん、この1日1時間19分の使いみちは自由です。仕事だけでなく自分の趣味や家族との団らん、読書や勉強などの自己投資に費やすこともできます。

通勤から解放されるだけでクオリティ・オブ・ライフが高まります。

さらに言えば、満員電車での通勤の場合、物理的な混雑や、目に見えない邪気によって心身が疲弊しやすいもの。もちろん、感染症のリスクも高まります。

クルマ通勤者の中には、朝夕の渋滞に心を摩耗させている人もいます。

通勤に時間を取られない生活は、一度はじめると「やめられない」と感じるでしょう。

※出典「平成28年社会生活基本調査結果」（総務省統計局）

③「場所」が自由になる

リモートワークを導入する企業が増えてきました。しかし、会社員にとって「家にいること＝場所の自由」とは言い切れない側面があります。自宅から離れることが許されず、オンライン上では上司が目を光らせている。そんな状況の人もいるでしょう。「監視されている」状態は決して自由ではありません。

会社員の中には、転勤が宿命づけられている人もいます。生きる場所を自分で決めることができない状態を「あたり前」と思い込んでしまっている人もいます。

一方、フリーランスは、本当の意味で「場所の自由」を手にしています。**オンライン環境が整った今であれば、国内はもちろん、海外に住みながら仕事をすることもできます**（企業に机を置く契約をする場合は除く）。

請負仕事の場合も、質の高い成果物さえ納品すれば、どこで仕事をしようと自由です。自宅でも、シェアオフィスでも、カフェでも、漫画喫茶でも。陽気がよければ公園のベンチで仕事をしてもいいのです。

わたし自身、旅行をしながら仕事をするワークスタイルが大好き。3、4日、パソコンを持って温泉宿に籠もるようなこともあります。

④「仕事」を選べる

会社員で自分の仕事を自由に選べる人はほとんどいないでしょう。与えられた職場で与えられた業務を遂行する。それが企業で働くということです。

ノルマの厳しさに押しつぶされて、大きなストレスを抱えている人もいるでしょう。

フリーランスの場合、仕事を「受ける・受けない」はいつでも自分で決めることができます。仕事内容が意に沿わないときや、報酬が設定した基準を満たさないとき、やり取りする相手の印象や態度が悪いときは、いつでも「仕事を受けない」というカードを切ることができます。

逆に、チャレンジしたい仕事があれば、営業するなり、人に紹介してもらうなりして、自分から積極的に働きかけることができます。

NEW フリーランスに至っては、自分が「これは！」と思うサービスをつくってリリースすることもできます。仕事を選べる自由さは、フリーランスの特権とも言えます。

⑤「人間関係」から自由になる

「すべての悩みは対人関係の悩みである」と言ったのは、心理学者のアドラーです。

会社員であれば、多かれ少なかれ、対人関係における悩みを抱えていることでしょう。

イヤな上司や同僚がいる。同じ部署の○○さんと反りが合わない。クレーマーのお客様の対応が苦痛で仕方ない……などなど。人間関係のストレスが原因でメンタル疾患になる人も少なくありません。

もちろん、フリーランスだからといって、対人関係の悩みがゼロになるわけではありません。

しかし、どうしても馬や反りが合わず、その人とかかわることで過剰なストレスを感じるようなら、その仕事を断って、その人から距離を置くことができます。**人間関係を主体的にマネジメントできることは「心の平穏」を手にしているに等しいです。**

もっとも、あまりに人の好き嫌いが激しいのは問題でしょう。人を選べる環境にいるということは、自分も人から選ばれる立場にあるということです。不用意に人間関係を切られないよう、ご縁がある人とより良い関係性を築いていきましょう。

⑥ 高い収入が期待できる

「フリーランス＝安定していない」というイメージを持つ人は少なくありません。しかし、「安定していない」という言葉の裏には「能力とやり方次第で会社員の何倍もの収入を得ることができる」というメリットが存在しています。

そもそも**「労働時間の対価」として給料をもらっている会社員に対し、フリーランスは「提供した価値」に応じて報酬をもらう仕事です。**

労働時間を切り売りしている会社員と違い、収入に上限はありません。提供する価値を高め続けることができれば、それこそ収入は青天井です（長く働くほど稼げるという考え方も間違っています）。

もちろん、フリーランスが価値を提供する先はひとつである必要はありません。「請負仕事」のクライアントは何十社あってもいいのです。

また、NEW フリーランスとして CtoC 型サービスを提供することで、さらに収入の入り口を増やすことができます。「安定していないこと」は、不安要素どころか、フリーランスの大きな魅力です。

⑦ 自分の人生の舵を自分で取る

フリーランスとして生きるということは、他者に過度に依存することなく、「人生の舵を自分で取る生き方」を選ぶということです。この生き方のすばらしさは実際にやってみないとわからないかもしれません。

もちろん、道中では良いことも悪いこともあるでしょう。しかし、それらも人生の豊かさのひとつです。

リスクのない人生を送り続け、気づいたら、まったく成長していない自分がいた——その状況のほうがよほど恐ろしいことではないでしょうか。

「人生100年時代」と言われる中、定年を気にすることなく働くことができる。その一点をとっても、フリーランスのアドバンテージは絶大です。「引退の時期を自分で決めることができる＝人生の舵を自分で取る生き方」です。

また、NEWフリーランスという生き方を選ぶことで、人生の可能性が一気に広がります。さまざまなチャレンジをする中で、思いもよらぬ自分の可能性に出会うこともよくあります。これは、制限や制約が多い会社員では、なかなか起きにくいことです。「リスク＝可能性の大きさ」にほかなりません。

09 フリーランスに「向いている人」と「向いていない人」

わたしは、すべての人にフリーランスやNEWフリーランスをすすめようとは思っていません。

以下は、フリーランスに「向いている人」と「向いていない人」の特徴の違いです。

向いている人	向いていない人
主体性がある人	依存的な人（主体性に欠ける人）
成長意欲が旺盛な人	成長意欲がない人・弱い人
他者貢献の意識が高い人	他者貢献の意識が低い人
「自責」で生きている人	「他責」で生きている人（責任転嫁が多い人）
他人を思いやれる人	他人を思いやれない人
お金に対してフラットに感情を保てる人	お金に対してネガティブな感情が強い人
ひとりで過ごすのが得意な人	ひとりで過ごすのが苦手な人

連絡やレスポンスが速い人	連絡やレスポンスが「遅い人」や「ない人」
約束を守る人	約束を守らない人
仕事への情熱と愛がある人	仕事への情熱や愛がない人
体調管理ができる人	体調管理ができない人
人の役に立ちながら稼ぎたい人	とにかくラクして稼ぎたい人
変化を恐れない人	変化を嫌う人
将来を悲観しすぎない人	将来を悲観しすぎる人
先回りして相手に与えられる人	相手から「もらおう」「奪おう」とする人

あなたは、どちらの特徴が強いですか？

少し厳しいことを言うと、「フリーランスに向いていない人」の特徴は「依存マインド」と言い換えることもできます。会社への依存性が高い人ほど陥りがちなマインドです。このマインドを〈ヨシ〉と思うようならフリーランスは向いていません。

あなたがまだ会社員で、この先、NEW フリーランスを目指すなら、今から「自立マインド」をインストールしていきましょう。

10 「自己投資マインド」はあなたの価値を高める

ズバリ、自己投資をする意識に乏しいフリーランスに未来はありません。

例えば、多くのフリーランスにとって「心理学の勉強をすること」は、（すぐに）対価が得られるものではないでしょう。

従来型フリーランスの中には、「そんなことをしている暇があったら、その時間で報酬をもらえる仕事をしたほうがいい」と考える人も多そうです。しかし、このメンタリティが、そもそも「1周遅れ」です。

NEWフリーランスとして稼ぎ続ける人は、自分を進化・成長させていく「自己投資マインド」の持ち主です。

心理学を学ぶことで、人の心に響くデザインを描けるようになる。人の心に刺さる文章が書けるようになる。人に行動させるプランを立てられるようになる。より多くの人に喜ばれるサービスを提供することができるようになる——こんなふうに考えます。

本を読むことも、セミナーを受けることも、新しい○○を体験することも、大事な自己投資であることを理解しています。

「心理学を学ぶ」は一例に過ぎません。自分が売り物であるNEWフリーランスにとって、学びながら自分をアップデートさせることは、自分の市場価値を高めていくプロセスにほかなりません。「あなた自身の価値」が「あなたの稼ぎ」につながるのです。

11　プロフェッショナルは自己ベストを更新し続ける

「この仕事は安いから、これくらいの完成度でいいや」という「出し惜しみマインド」の持ち主も、フリーランスとしての成功が望めません。

本人にしてみれば効率の良い堅実なワークスタイルなのかもしれません。しかし、わたしに言わせれば「もったいない人」「残念な人」です。自分の中に眠っている可能性の芽を自ら摘んでしまっているからです。

「自分史上最高の仕事をしよう」という意欲と覚悟がないため、成長が小さく、専門性やスキルのレベルも上がりません。おそらく3年後も5年後も似たようなレベルの仕事をしているのでしょう。いえ、「現状にとどまり続ける＝退化」ですので、いずれ淘汰されてしまう可能性が大です。

一方、**成功するNEWフリーランスは、一度受けた仕事は、報酬の大小にかかわらず、相手の期待をはるかに超える仕事をします。**常にベストを尽くすことが、自分の器と可能性を大きくすることがわかっているからです。

自己ベストの更新を狙い続ける人は、クライアントやお客様に高い満足度を与え続けています。高い満足度は、次の仕事となって、あるいは、口コミや紹介という形で、多少の時間差はあれ、必ず自分に戻ってくるものです。**「自分が与えた分だけリターンを得る」。**

これが人生の法則です。

もちろん、これは「すべての仕事を受けなさい」という意味ではありません。

仕事を「受ける・受けない」は、事前に判断すべき事柄です。

ただし、一旦受けた仕事に差をつけるのはナンセンス。率直に言えば、素人くさく貧乏くさいです。受けた仕事に差をつけず、常に全力で取り組む姿勢こそがプロフェッショナルです。

少なくとも、その姿勢は、あなたが仕事で付き合うすべての人に見られています。

「茹でガエル」のエピソードをご存知でしょうか。いきなり熱湯にカエルを入れると驚いて逃げ出しますが、常温の水に入れて少しずつ水温を上げていくと逃げ出すタイミングを失い、最後には死んでしまう……という恐ろしい話です。ラクにできる仕事ばかりしているフリーランスは、「茹でガエル」と変わりません。

「最近ラクな仕事ばかりしているなあ」と感じたときに、それを〈危険信号〉と捉えられる人が、フリーランスとして成功する人です。

「明日描く絵が一番すばらしい」

画家のパブロ・ピカソの言葉です。現状に満足することなく、自己ベストを更新し続けようとする姿勢が伺えます。NEW フリーランスを目指すあなたにも、この言葉を贈りたいと思います。

12 NEW フリーランスとしての あなたのポテンシャルは？

あなたの NEW フリーランスとしてのポテンシャル（潜在能力）はどれくらいだと思いますか？

以下①～⑤の項目について、それぞれ5段階で評価してください。評価したら、その点数をすべて合計してください。

① 専門性＆スキル

→ あなたの専門性とスキルのレベルはどれくらいですか？

※同業者の中でもトップレベルは5、素人レベルの技術力なら1

② 営業力

→ あなたの営業力はどれくらいですか？

※営業すれば十中八九仕事が取れる人は5、営業しても仕事が取れない人は1

③ 成長意欲

→ 専門性やスキルや人間性を磨いて、自分の可能性をどんどん広げていきたいですか？

※可能性をどんどん広げていきたい人は5、食べていければそれで十分な人は1

④ 貢献意欲

→ 相手に貢献しようという意識はどれくらいですか？

※相手の助けになりたい・喜んでもらいたいという人は5、自分のことで精一杯という人は1

⑤ ブランド価値

→ 市場におけるあなたのブランド価値はどれくらいですか？

※多くの人があなたのことを「○○の人」（例：目標達成コーチングの専門家）のような形で認知し、あなたの発信する情報やサービスに満足しているなら5、「○○の人」と認知されておらず、あなたの発信する情報やサービスにも満足していないなら1

評価はあくまでも一例です。あなたが出した数字をすべて足し算してみてください。最高点は25点で、最低点は5点です。

【Aさん（カメラマン歴10年)】

① 専門性＆スキル：4

② 営業力：2

③ 成長意欲：1

④ 貢献意欲：2

⑤ ブランド価値：1

合計：4＋2＋1＋2＋1＝10点

【Bさん（カメラマン歴５年）】

① 専門性＆スキル：3

② 営業力：4

③ 成長意欲：5

④ 貢献意欲：4

⑤ ブランド価値：2

合計：3＋4＋5＋4＋2＝18点

カメラマン歴10年のAさんと５年のBさん。フリーランスとしてのポテンシャルは、一見すると、専門性＆スキルに優れたAさんのほうが高そうに思えます。しかし、それ以外の要素が軒並み低いため、ポテンシャルとしては、Bさんに軍配が上がります。

Bさんは成長意欲も旺盛なので、今後、専門性やスキルはもちろん、ブランド価値も高まっていくことが予想されます。数年後には20点を超えているでしょう。

もちろん、フリーランスである以上、専門性＆スキル（①）のレベル向上は外せません。

しかし、高い専門性＆スキルにあぐらをかいていては、遅かれ早かれ淘汰されてしまうでしょう。NEWフリーランスのポテンシャルは、②〜⑤を含む合計点で決まるからです。とくに「①だけ高い」「②と③だけ高い」という具合に、少数項目偏重の傾向がある人は注意が必要です。

13　断じて下請けにならない

フリーランスの中には「仕事をください」「仕事をいただけませんか？」としょっちゅう口にする人がいます。これらを「クレクレ言葉」と名づけましょう。

気持ちはわかりますが、フリーランスになった以上、クレクレ言葉は封印すべきです。

「クレクレ言葉を使う＝わたしは仕事ができません」と宣言しているようなものです。

「仕事をいただけませんか？」という言葉は、依頼主に「わたしは仕事ができないので、仕事を頼まないほうが賢明です」と翻訳されて伝わっていることに気づかなければいけません。

また、クレクレ言葉を使うことで、仕事の依頼主が「上」、フリーランスが「下」という誤った関係性ができかねません。フリーランスは専門性とスキルを提供し、その対価として報酬を得ます。本来、そこに上下関係はありません。

クレクレ言葉を使うということは「お金の流れ」を重視し、「専門性とスキルの流れ」を軽視している、とも言えます。

フリーランスが持つべきは「わたしの専門性とスキルがあなたの会社の役に立ちます」という意識です。もっと言えば、「わたしに頼らないと損をしますよ？」くらいの強いマインドが必要です。

もちろん、これは「傲慢になること」や「自分のスキルを過大評価すること」とは似て非なるものです。「下請け根性」を手放し、「対等なビジネスパートナー」としてのマインドを持つことが、フリーランスとして長期的に成功する秘訣です。

第2章

まずは「請負仕事」で地固めをする

14 ロケットスタートを「切れる人」と「切れない人」

フリーランスになれば自動的に仕事が入ってくるだろう――という考えは幻想です。

新しいパソコンも買った。名刺をつくって、仕事関係者に配った。公式サイトもつくった。あなたとしては準備万端に整えたつもりでしょう。

だからといって、すぐに仕事の依頼がくるとは限りません。いえ、厳密に言えば、独立直後に仕事の依頼がくるかどうかは、あなたが会社員時代に次の①～③をどれくらいのレベルで行ってきたかによります。

① 自分の武器（専門性とスキル）を磨いてきたか？
② どれだけ周囲（社員やクライアント）に貢献してきたか？
③ どれだけ周囲（社員やクライアント）と良好な人間関係を築いてきたか？

①～③のレベルが高いほど、独立したときに仕事を発注してくれる確率が高まります。とりわけ②と③のレベルが高い人ほど「信用貯金」が貯まっています。つまり、リターン（＝仕事の発注）が起きやすい状態ということです。

人間は感情の生き物です。少しくらい①のレベルが高くても、あなたがこれまで人に貢献や応援をしてこなかった、あるいは、良好な人間関係を築くことを疎かにしていたとしたら、残念ながら、あなたに仕事を回す人は少ないでしょう。

一方で、②と③のレベルが高く、周囲があなたに好意と信頼を寄せているとしたら「なんとかして○○さんに仕事を回したい」「○○さんの独立を応援したい」と思うでしょう（①が高いことは大前提）。「信用貯金」のリターン効果はそれくらい大きなものです。

会社を辞めるとき、あなたにいい印象を持っている人がどのくらいいるかによって、ロケットスタートが「切れるか、切れないか」が決まります。あなたは、ロケットスタートを切る自信がありますか？　答えがノーなら、今のうちから①～③のレベルを高めていきましょう。

ところで、所属していた会社のクライアントから仕事を受けることはアリなのでしょうか？　答えは「ケース・バイ・ケース」です。道義上の基準としては、あなたが仕事を受けることで元いた会社の利益になるならOK、不利益になるならNGという考え方があります。後々トラブルにならないよう、独立前に上司や会社上層部に確認しておくことをおすすめします。

15　独立当初の「4ナイ」から脱出する

会社員時代に「信用貯金」を貯めてこなかった人は、独立後に苦戦を強いられるでしょう。もちろん「信用貯金」を貯めてきた人であっても、手持ちの人脈のみで十分な仕事がもらえる人はごく一部のはずです。

以下は、独立したばかりのフリーランスの多くに共通する「4ナイ」です。

① あなたという人の存在を「知らない」
② あなたがフリーランスだということを「知らない」
③ あなたがどういう武器（専門性やスキル）を持っている人なのかを「知らない」
④ あなたの実力を「知らない」

わたし自身もそうでした。出版社を辞めた当時、同じ会社の編集者から「フリーになるんだって？　どうせならうちの仕事も頼むよ」と仕事をもらうことができました。それでも収入的には月に10～15万円程度。家族3人で生活するには、まったく足りません。

そのうち仕事は増えていくだろう、と思っていましたが、貯金を切り崩す生活が数カ月続き、さすがに自分が置かれている立場を直視せざるを得なくなりました。

「このままではマズイ……」。わたしは考え方を改めました。

「営業活動をしよう！」。そう決意したのです。

自分が記事を書きたいと思う雑誌の奥付（出版社情報などが載っているページ）から編集部の電話番号や住所、編集長名などをチェックし、アポを取る電話をかけはじめました（メールも併用）。

電話でそっけなく断られる……。会ってもらえたが、ほとんど相手にされない……。「何か仕事ができたらお願いしますね」と言ってくれたものの、その後、一切連絡がない……。けんもほろろの塩対応も少なくありませんでした。

一方で、「では、手始めにこの仕事から……」と、その場で仕事を見繕ってくれた人もいました。そう、10の編集部を回れば、そのうち2つか3つは仕事につながったのです。

そっけなくあしらわれた編集部から数カ月後に仕事の依頼がきたり、「人手不足の編集部があるから」と言って、同じ会社の別の編集部を紹介してくれたりする人もいました。

この経験から感じたことは、**「営業先の母数を増やせば、依頼は増える」**という単純な法則でした。

営業をすることで、少なくとも「4ナイ」のうち①〜③は「アル」に変えることができます。その結果、「依頼→受注」のフロー（流れ）が生まれやすくなるのです。

もちろん、営業をするときには「クレクレ言葉」を使ってはいけません。自信を持って、あなたがその会社に価値を与えられる人物であることを伝えていきましょう。

16 営業プロセスは4ステップで行う

業種の違いはあれ、基本的にフリーランスの営業プロセスは同じです。

① 自分が仕事をしたいと思う会社をリストアップする
② 営業ツール（営業資料）を用意する
③ ①でリストアップした会社にアポ取りの電話をかける（またはメールをする）
④ アポをもらった会社に出向いて営業する

中でも大事なのが②の「営業ツールを用意する」です。

対応してくれた人が、何を基準に仕事を「依頼する・しない」を決めるかと言えば、その人に仕事をお願いするメリットがあるかどうか、です。

実は、営業をはじめた当初、わたしの営業ツールはひどいものでした。経歴は、履歴書のような時系列で書かれており、仕事と関係ないことも羅列していました。そんなものを見せたところで「うちの会社にメリットのある人材だ」とは思ってもらえません。

その後、営業での仕事獲得率が３～４倍にアップした時期がありました。それは営業ツールにこだわるようになってからです。

とくに前項でお伝えした、「4ナイ」のうちの「④あなたの実力を『知らない』」を解消へと導くために、さまざまな工夫を凝らすようになりました（詳しくは53ページ参照）。

理想は、営業ツールを見せた瞬間に、相手の表情がパッと明るくなり、第一声で「へえ、スゴいですね」「すばらしいですね」「おもしろいです」「うちのカラーに合っています」といったポジティブな言葉をもらうことです。第一声でポジティブなレスポンスをもらうことができれば、十中八九、営業は成功します。

営業の勝負が決まるのは一瞬です。

相手は営業ツールで判断する

17　9割うまくいく営業メール

「自分を売り込む」という意味では、電話やメールでアポを取ったうえで、相手の会社に伺うという流れがスマートです。

一方で、ワークスタイルの変化もあって、相手が「できればオンラインで効率よく進めたい」と望むケースも増えています。したがって、「売り込み自体」をメールで完結させるアプローチも用意しておくといいでしょう。

以下は、わたしがよく使う営業メールの雛形です。

> 株式会社○○出版
> 「○○○」編集部
> 山田太郎編集長
>
> 突然のメールにて失礼いたします。⑤
> ライターで「伝わる文章の専門家」の山口拓朗と申します。①
>
> 以前より貴誌を愛読しております。
> 綿密な取材に基づいた有益な記事が多く、
> いつも勉強させていただいております。②
>
> このたびは、貴誌にてわたしの専門性とノウハウが

お役に立つのではないかと思い、不躾ながらご連絡いたしました。⑥

現在、わたしはライター＆インタビュアとして活動するほか、
「文章の書き方」や「メールの書き方」などをテーマに
執筆活動や研修活動を行っております。①

・山口拓朗公式サイト
http://yamaguchi-takuro.com ①

以下は他誌での執筆原稿例です。③

・『「お詫びメール」でしくじらないための６つの鉄則』
掲載媒体：『リクナビ NEXT ジャーナル』
https://next.rikunabi.com/journal/20170919_m1/

・『「書き出し上手」は「作文上手」！
　作文を魅力的にする“書き出しのパターン”12 選』
掲載媒体：『STUDY HACKER こどもまなび☆ラボ』
https://kodomo-manabi-labo.net/takuro-yamaguchi-sakubun-09

つきましては、大変不躾ながら、⑤
貴誌用のサンプル原稿を２本作成いたしました。④

テーマ１
「メモを取る人が仕事で成果を上げる５つの理由」

テーマ２
「その“言葉足らずメール”が、仕事の効率と生産性を下げている」

どちらも約3000文字の記事です。
添付のWordテキストをご確認願います。

ビジネスシーンで活躍する貴誌読者のお役に立てますと幸いです。⑥

ご多忙のところ恐れ入りますが、⑤
ご検討いただけますよう、よろしくお願いいたします。

山口拓朗（ライター＆伝わる文章の専門家）

〒***-****
東京都○○区○○○○○○○○○○○
TEL：***-***-***
FAX：***-***-***
メール：*********@gmail.com

＜山口拓朗公式サイト＞
http://yamaguchi-takuro.com ①

ライターという立ち位置で書いたメール文ですが、あなたの職種や専門性に置き換えて使ってみてください。

この営業メールの雛形のポイントは以下の６つです。

① 自分が何者か（専門性）をしっかり伝える（肩書きや公式サイト URL など）
② メール先の企業への敬意を伝える（以前から注目している旨など）
③ 自分の専門性を証明する（作品や仕事実績がわかるサイトの URL など）
④ サンプルを用意している旨を伝える（2、3 本別パターンを用意する）
⑤ 突然メールしたことへのお詫びのほか、先方に失礼のない文面を心がける
⑥ ⑤を意識する一方で「書かせていただけませんでしょうか？」のようにへりくだらないことも大事。〈わたしの専門性とスキルが貴社のお役に立つ〉という姿勢を崩さない

公式サイトを用意しておくことは、フリーランスの営業活動において極めて重要です。

公式サイトにプロフィールや実績、作品などを載せておくことで実力や活動内容が伝わりやすくなるからです。URL を載せておけば、相手がチェックしやすくなります。

先ほどの雛形に入れた「他誌での執筆原稿例」のように、自分の専門性や実力を示せるものがあれば、1つ2つ伝えておきましょう(たくさん伝えるのは逆効果です)。

当然ですが、メールに④を盛り込むためには、**あらかじめサンプルを作成しておく必要があります。**相手が欲しいものを先回りして渡すことで、興味を持ってもらえる可能性が高まります。サンプルを用意した旨を伝えることで、こちらの意欲も伝わります。

「貴誌用のサンプル原稿を2本作成いたしました」と言われて、気にならない担当者はまずいません。

ファイルが軽いときはメール添付でOKですが、重たいときは「GigaFile便」などのファイル転送サービスを利用しましょう。

なお、営業メールの件名に「営業」という言葉を使うとスルーされてしまう恐れがあります。「○○希望」や「○○のご相談」のような書き方をおすすめします。先ほどの雛形の件名であれば「原稿執筆希望(山口拓朗)」や「原稿執筆のご相談(山口拓朗)」という具合です。件名の最後に氏名を添えておくと、相手に氏名を認識してもらいやすくなります。

先方から返信メールが届いた際、対面やオンラインでの面談を求めてきたときは、前向きかつスピーディに応じてください。営業時の主導権は相手にあります。相手が望む方法&手順に従いましょう。

18　必勝「営業ツール」のつくり方

◆「４種の神器」で最大限にアピールする

営業先では、対応してくれた方に４つの「営業ツール」を渡せるよう準備しておきましょう。

① 名刺
② 自分のプロフィール×メディア情報
③ ポートフォリオ（作品集）
④ サンプル作品

信じられない話ですが、フリーランスの中には、何の営業素材も準備せずに営業先に行く人がいます。本人は「腕に覚えがある」のかもしれませんが、**文字情報や視覚情報として渡せなければ「腕がない」のと同じです。**

もちろん、口頭でプレゼンする技術は必要です。しかし、会話の中で示せる情報量には限りがあります。その点、営業ツールは情報量が多く、データ化しておけば使い回すこともできます。あとから相手が営業ツールを読み返し、こちらの魅力を再発見してくれるケースもあります。

営業ツールが勝手に働いてくれる。なかなかいいと思いませんか？

① 名刺づくり

○ 3秒で興味を引く肩書きをつけよう

会社員時代、おそらくあなたは会社から支給された名刺を使っていたことでしょう。そこには会社名とあなたの役職が書かれていた。「会社の信用」という傘の下で仕事をしている会社員であれば、その程度の（あいさつ代わりの）名刺でも事足ります。

一方、フリーランスの名刺は重要な「営業ツール」です。あなたのことを「特別な人」として認知してもらうためのものです。

名刺で最も重要なパーツは「肩書き」です。あなたは以下(1)〜(6)のどの肩書きに興味を持ちますか？

(1) 山田太郎
(2) フリーランス・山田太郎
(3) フリーライター・山田太郎
(4) 映画ライター・山田太郎
(5) ジブリ映画専門ライター・山田太郎
(6) "ジブリ映画バカ" なライター・山田太郎

おそらく興味を引く順に(6) → (1)ではないでしょうか。(6)の肩書きが付いた名刺を渡すとき、「"ジブリ映画バカ" なライターの山田太郎です」と口に出してみてください。そのインパクトはなかなかのもの。強く相手の印象に残ることは間違いありません。

一方、(1)〜(3)の名刺を渡しながら「何でも書きますのでよろしくお願いします」と伝えたとしましょう。相手は、仕事をお願いするどころか、数日後には、あなたのことを忘れているかもしれません。**「何でもやります」は「何もできません」と同義**だからです。

わたしはフリーランスの肩書きは、自分の頭の上に立てる「旗」だと思っています（NEW フリーランスであればなおのこと）。

その「旗」が平凡だったり、ぼんやりしていたり、魅力がなかったりすれば、相手に認知されません（記憶にも残りません）。認知されなければ、よもや仕事の依頼につながることはないでしょう。

一方で、「旗」が魅力的で際立っていると、相手に強く認知されます。言葉は思考の着火剤です。印象的な肩書きであれば「この人に何か仕事を任せられないだろうか？」「この人の強みをうちのメリットにできないだろうか？」などと脳が自発的に考えはじめるのです。

極端なことを言えば、秀逸な「旗」があれば、それだけで仕事がばんばん入ってくることもあります。

「ジブリ映画バカ」は、その人の「強み」であり「武器」です。

ユニークで印象的な「旗」が、その人の頭の上でなびいている状態です。

この旗（武器）があれば、「ジブリ映画」に関連する仕事のみならず、さまざまなジャンルに斬り込んでいくことができます。「"ジブリ映画バカ"から見た、ディズニーアニメ評」「ジブリ作品が描く日本の学校教育」「ジブリ映画と感染症社会」などなど。

よく「強みを絞ると仕事が取れなくなるのでは？」と心配する人

がいますが、それは勘違いです。むしろ、先鋭化させた武器こそが、フリーランスの可能性を広げていくのです。

○ 肩書きに連動した顔写真を載せよう

フリーランスの名刺には顔写真を入れることをおすすめします。

顔写真がないと、記憶に残りません。顔写真が入っていれば、会ったときの様子をパッと思い浮かべてもらえます。

とはいえ、どんな写真でもいいわけではありません。顔写真も重要なアピールポイントです。**理想は、「肩書き」と「顔写真」を一致させることです。**

「"ジブリ映画バカ"なライター」であれば、ジブリ作品のキャラクターのフィギュアを手に持ったり、キャラクターのコスプレをしたりしてもいいでしょう。

フリーのブライダルヘアメイクの場合はどうでしょう。あなたが女性で結婚を控えていたとしましょう。顔写真が野暮ったいブライダルヘアメイクにメイクを任せたいと思いますか？　答えは「ノー」でしょう。仕事の依頼につなげるためには、名刺を渡した瞬間に「さすが、すてきなメイク！」「こんな人にメイクしてもらいたい」と思ってもらう必要があります。

なお、プロフィール写真は、プロのカメラマンに撮ってもらいましょう。カメラの性能が良くなったとはいえ、素人が撮る写真とプロが撮る写真は、クオリティが格段に違います。

たまに「平凡なスナップ写真」や「暗い写真」「全身写真（顔が

判別できない)」を使う人がいますが、営業ツール用としてはおすすめできません。

なお、**公式サイトやSNSには、名刺と同じ顔写真を使います。**露出する顔写真を統一することでブランディングしやすくなるからです。肩書きと顔写真を一致させつつ戦略的に演出することで、あなたの「旗＝武器」を強く印象づけることができます。

「たかが名刺」ではなく、「されど名刺」です。コストをかけてこだわるところです。

名刺の表面(例)

○ 名刺の裏面も有効活用する

せっかく相手の手に渡る名刺です。片面だけの情報で終わらせるのはもったいないことです。名刺の裏面には、以下のような情報を盛り込みます（相手に強く認識してもらいたい情報は表面に載せてもOKです）。

(1) プロフィールの簡略版

→ 次ページで解説するプロフィールをコンパクトにまとめたものを掲載します。

(2) 提供している技術や能力

→ 自分が提供している専門性やスキルを載せます。

ヨガのパーソナルトレーナーであれば「✓シェイプアップヨガ」「✓心を整えるヨガセラピー」「✓ストレス解放ヨガ瞑想」「✓カラダが硬い人のためのヨガストレッチ」「✓ヨガインストラクター養成指導」「✓ヨガの記事執筆＆講演」など、提供できる仕事内容を具体的に知らせることで仕事の依頼につながりやすくなります。

平凡な書き方では、なかなか目に留めてもらえません。

(3) メディア・SNS 情報

→ 自分の作品や成果物が載っているメディアや、自身の SNS 情報を載せておきます。公式サイト、ブログ、Facebook など。メルマガや LINE 公式アカウントで情報発信している人であれば、それらの QR コードを載せておいてもいいでしょう。

名刺の完成度が高い人は「仕事の完成度も高そう」と思ってもらえます。

フリーランスというのは、一挙手一投足、その人の持ち物、服装、髪型、相手に渡すモノ——そのすべてが、相手にとっての判断材料です。もちろん、名刺のデザインもプロにお願いするほか、印刷も印刷業者にお願いするなど、仕様面でも手を抜かないようにしましょう。

名刺の裏面（例）

「机上の記事」より「路上の記事」
大会参加者としての「生の声」をお届けします！

「走力平凡ランニングライター」のプロフィール

スポーツ部在籍経験ゼロ。25 歳のときに「東京マラソン」をテレビで観て感動し、ランナーになることを決意。2010 年の東京マラソンで初マラソン初完走(6時間23分)。以来、サブフォーを目標にマラソン大会に出まくる。実録マラソンブログ「RUN-FUN」がバズり、2012 年に “走るランニングライター” として独立。年間約25大会に出場しながら、その体験記を執筆し続けている。現在、スポーツ＆ランニング雑誌、週刊誌、新聞などでランニング系記事を執筆。フルマラソン完走は 223 大会……

お仕事のご相談はお気軽に

□全国のマラソン大会の体験リポート記事
□人気ランニングギアの紹介記事
□市民ランナーへのインタビュー（大会前・後）
□マラソン大会での各種チャレンジ企画

【執筆実績】

週刊『ファンラン』（連載中）
月刊『ロードラン』（連載中）
月刊『サブスリーマガジン』
月刊『ホノルルマラソン』
WEB サイト『ランナーズエイド』

② プロフィールづくり

フリーランスのプロフィールで最も大事なのは「実績」です。「実績＝信用」です。すばらしい実績があるにもかかわらず、それをプロフィールで表現できていないとしたら、もったいないことです。厳しい言い方をするなら、**言語化できていない実績は「実績ではない」とも言えます**（誰も知ることができないため）。

プロフィールは公式サイトやブログに載せるほか、簡略化したものを SNS や名刺にも載せます。営業先に持参するものは、A4 用紙の半分程度で読みやすくまとめましょう。

【実績になり得る要素】

◎ 経歴（現在の活動に関連するものだけ）

◎ 仕事の件数（受注件数／作品数／クライアント数／販売件数／開催件数など）

◎ 大手○○や有名○○との取引実績

◎ お客様（クライアント）に著名人がいるなど

◎ オリジナル商品・サービスの販売歴

◎ 著作物、執筆実績・講師実績（講演・研修・セミナー）など

◎ マスコミ掲載・出演歴（テレビ、新聞、雑誌、ラジオ、ウェブサイトなど）

フリーランスのプロフィールは履歴書ではありません。あなたの「旗（肩書き）」と無関係な経歴や情報は大胆に省きます。

一方で、あなたの「旗」に関連する実績は漏れなく書いていきます。

実績を書くときのポイントは「数字」と「固有名詞」を入れることです。

以下はわたしのプロフィールです。数字と固有名詞を惜しみなく盛り込んでいます。

山口拓朗（やまぐち たくろう）

山口拓朗ライティングサロン主宰／伝える力【話す・書く】研究所所長

1972年生まれ。出版社で編集者・記者を務めたのちに独立。25年間で3500件以上の取材・執筆歴がある。現在は執筆活動に加え、講演や研修を通じて「論理的なビジネス文章の書き方」「好意と信頼を獲得するメールの書き方」「売れるセールス文章&キャッチコピーのつくり方」「集客につなげるブログ発信術」など実践的ノウハウを提供。文章力や情報発信力を強化したい人向けのコンサルティングも実施している。2016年からは300万人のフォロワーを持つ中国企業「行動派」に招聘され、中国の6大都市で「スーパーライター養成講座」を定期開催（現在23期）。これまでに1000名以上が受講し、そのうち50名以上が出版をした。主宰する「山口拓朗ライティングサロン」には、文章を書いて人生を創造していく仲間が集っている。

著書に『伝わる文章が「速く」「思い通り」に書ける87の法則』『買わせる文章が〜』（共に明日香出版社）『9割捨てて10倍伝わる「要約力」』『何を書けばいいかわからない人のための「うまく」「はやく」書ける文章術』（共に日本実業出版社）『「9マス」で悩まず書ける文章術』（総合法令出版）『会社では教えてもらえない ムダゼロ・ミスゼロの人の伝え方のキホン』（すばる舎）など20冊以上。文章作成や伝え方の本質を捉えたノウハウは言語の壁を超えて高く評価されており、中国、台湾、韓国など海外で15冊以上が翻訳されている。

盛り込む実績は、「自分が書きたいもの」ではなく「相手にとって信用できるもの」でなければいけません。「数字」と「固有名詞」は相手に渡すことのできる「信用」です。

終盤に自著名を並べているのも、書籍の信用性が高いからです。

わたしの場合、まだ自分の本を出してなかった当時は、執筆したメディアの名前を具体的に列挙していました。

> 雑誌の執筆実績に『FLASH』(光文社)『Asahi Weekly』(朝日新聞社)『日経おとなのOFF』(日経BP社)『OZ magazine』(スターツ出版)『壮快』(マキノ出版)『るるぶ東京』(JTBパブリッシング)『ランナーズ』(アールビーズ) などがある。

こうした具体的な名前を出さずに「雑誌の執筆実績多数」という表現で終わらせていたとしたら、読み流されてまったく印象に残らないはずです。

独立したばかりで語れる実績が少ないときは、会社員時代の実績を入れておきましょう(もちろん、入れていいのは「旗」に関連する実績だけです)。

一度書いたプロフィールを半年も1年も更新しない人がいますが、それは「実績＝信用」であることを理解していない人です。プロフィールが古いということは、周囲は「古いあなた(＝信用が低いあなた)」を見続けているということ。機会損失と言わざるを得ません。

なお、プロフィールの序盤では、現在の仕事内容や活動内容を簡潔に伝えます。以下は、わたしのプロフィールの序盤部分です。

現在は執筆活動に加え、講演や研修を通じて「論理的なビジネス文章の書き方」「好意と信頼を獲得するメールの書き方」「売れるセールス文章＆キャッチコピーのつくり方」「集客につなげるブログ発信術」など実践的ノウハウを提供。

自分の生い立ちからダラダラと半生を綴っているプロフィールをよく見かけますが、その多くが自己満足の域を出ていません。フリーランスのプロフィールは「仕事を取るためのツール」と心得ておきましょう。

プロフィールをＡ４用紙の上半分にまとめ終えたら、下半分には、以下の①～③を記載しておきましょう。

① 連絡先（住所／携帯電話／メールアドレス／公式サイトのURL）
② SNS のアカウント（ビジネス活用しているもののみ）
③ 提供している技術や能力など（場合によってはサービスメニュー）

以下は、Ａ４用紙の下半分の書式例です

【連絡先など】
◆連絡先　〒○○○ - ○○○○　東京都○○区○○○○○○○○○
◆携帯電話　090- ○○○○ - ○○○○
◆メールアドレス　○○○○○○○○○ @kaku.co.jp

【保有メディア】

◆公式サイト　http:// ○○○○○○○○○ .com

◆メルマガ「ビジネス書のサワリ」　http:// ○○○○○○○○○ .com

◆ブログ　https://ameblo.jp/ ○○○○ /

◆ Twitter　https://twitter.com/ ○○○○

◆ Facebook　https://www.facebook.com/ ○○○○

◆ YouTube　https://www.youtube.com/c/ ○○○○

【貴社に提供できる５つのお仕事】

① 記事執筆（経営者・ビジネスパーソン向け記事）

② インタビュー取材・執筆

※インタビュー実績（ビジネスパーソン 400 人以上／経営者 100 人以上）

③ ビジネスパーソン向け特集の企画立案・取材・執筆

④ ビジネス書の代理執筆

⑤ ビジネス書の書評・コラム

③ ポートフォリオ（作品集）づくり

営業をするときには、「ポートフォリオ」を渡せるよう準備しておきましょう。

「ポートフォリオ」とは、簡単に言うと、「作品集」のこと。（会社員時代を含め）自分が成し遂げてきた仕事の成果や作品を一覧で示せるようにしておきます。

そもそもポートフォリオは「書類を運ぶためのケース」という意味。自由に書類を出し入れできる仕様にしておきます。営業用としてはアルバムタイプのクリアファイルを使うといいでしょう。

営業ツールとしてのポートフォリオは、渡す相手によって（相手がどんなものを求めているかによって）**、臨機応変に中身を差し替える必要があります。**A社に喜ばれる作品や成果が、B社やC社にはあまり喜ばれない、ということもよくあるからです。

また、ポートフォリオをつくるときは、自分が相手に（相手の会社に）価値提供できる人間であることを示せなければ意味がありません。

あなたは相手から「どんな価値を提供する人」と認知されたいですか？　もっと言えば、相手から「どんな価値を提供する人」と思ってもらえたら、仕事の受注につながる可能性が高まりますか？ポートフォリオをつくるときは、ゴールから逆算して考えることが大切です。

なお、わかりやすく作品で表現できるものがない職種の場合も、ビジュアルで示せる素材がないか、よく考えてみましょう。

コンサルタントやマーケッターであれば、独自に作成している「市場分析のグラフ」や「顧客分析表」「売上グラフ」をポートフォリオ化すれば、相手はイメージしやすいでしょう。

フリーの秘書であれば「スケジュール管理表」や「資料作成物（Word、Excel、PowerPoint）」「秘書の仕事内容を細かく示す図解・相関図」「TPOに応じたファッション」などを入れることで説得力が高まります。

システムエンジニアであれば、「システム設計図」や「システム連動案」など、その人の思考法や構造化思考、ワークフローなどを可視化することで信頼性が高まります。

要するに、その人の仕事の信頼性を高める「視覚的素材」を用意するということ。職種によっては自身の愛用ツールや現場の写真などを見せることで興味を持たれやすくなることもあります。視覚的に何を示せば相手に興味を持ってもらえるか、その点を徹底して考えましょう。

名刺同様、完成度の高いポートフォリオを渡せるようにしておくことは、あなたが「仕事ができる人間である」という証明にもなります。

ポートフォリオの例

① 自分が「提供できる価値」を明確に示す
② 自分の「強み」や「得意」を表現する
③ 自分の制作した作品、かかわったプロジェクトを記載する
（作品コンセプト、制作フロー、工夫した点なども併記する）
④ 視覚的に読みやすくしておく（文字だけでなく、写真や図表も使う）

※自分がレベルアップしたらポートフォリオから過去作品を外し、新しい作品を入れる

④ サンプル作品づくり

営業をするときには、営業先のニーズを満たすサンプル作品をつくりましょう。

例えば、あなたがグルメ雑誌の編集者で〈写真以外で読者に楽しんでもらえる企画は何かないか？〉と考えていたとしましょう。

そんな折、営業にやってきたイラストレーターが「貴誌に載せたらおもしろそうかと思い、食べ歩きの4コマ漫画をつくってみました」と作品を出してきたとしたら、あなたはどう思いますか？　低く見積もっても「好印象」ではないでしょうか。

その作品がそのまま使われることはないかもしれませんが、それでも、仕事の受注につながる可能性は格段に高まるでしょう。

何よりも、時間と労力をかけてサンプル作品をつくってきた「意欲」と「本気さ」が伝わります。その「与えるマインド」に編集者は心を動かされるはずです。

あなたが、営業される立場だった場合、「何でもいいから仕事をください」とガツガツ求めてくるフリーランスと、「この作品がお役に立つと思います」とサンプルを出してくるフリーランスのどちらに好感を抱きますか？　答えは言わずもがなでしょう。

もちろん、**相手のお眼鏡にかなうサンプルをつくるためには、相手**（相手の会社）**が「何を欲しがっているか？」についてリサーチしておく必要があります。**あらかじめ、その会社の実績や仕事の傾向を事細かくチェックしたうえで、その会社に喜ばれそうな「手土産（＝サンプル）」を渡しましょう。

19　価格交渉の基本の「き」報酬額は事前に確認する

仕事を終えてから報酬額を知らされる。「フリーランスあるある」のひとつです。しかし、これはフリーランス側の怠慢です。「報酬額を確認しない＝自分の価値を安く見積もっている」ということ。「あとだし」されるフリーランス自身に問題があるのです。

仕事の依頼主とフリーランスの立場はあくまでも対等です。**仕事を受ける段階で報酬額を確認することは、請負契約上も当然のことです。**

かくいうわたしも以前は、報酬額を聞かずに仕事を受けたことが何度かあります。仕事を終えてから「えっ？　たったこれだけ？」となっても後の祭りです。「これだけですか？」と依頼主に問い合わせるのも精神的に大きなストレスがかかります。

厳しいかもしれませんが、報酬額を「あとだし」されてしまうのは、その人が「なめられている」からです。あるいは、事前に報酬額を問い合わせないその人の心に「自信のなさ」が隠れ潜んでいるのかもしれません。そうだとすると、「あとだし」された報酬額が「割に合わない」と感じても、異議を唱えることができません。

事前に報酬額の問い合わせをするときは、書き方に多少の工夫が必要です。相手との関係性にもよりますが、メールに以下のような一文を添えるといいでしょう。

ちなみに、今回のお仕事の報酬についても伺えますと幸いです。

「ちなみに」と書くことでガツガツした印象を避けることができます。

また、「申し訳ございませんが」「誠に恐れ入りますが」「不躾ながら」などのクッション言葉を使うことで、もう少し丁寧さが増します。

大変恐れ入りますが、今回のお仕事の報酬について伺えますと幸いです。

相手の気持ちに配慮しながらも、伝えるべきことは伝える。これが社会人としての所作であり、相手と長期的に良好な関係性を築くコツです。

仕事を終えてからではもめる原因に

では3万円で
10日かけて作ったのに…

20 「上乗せ交渉」をしたいときはどうする？

報酬額を提示された際、「もう少し上乗せが欲しい」と思ったときは、上乗せ交渉をしてみましょう。※実績や経験が乏しい「腕試しの時期」は除く（76ページ参照）

交渉に必要なのは理由です。「労力に見合っていない」のか「特別な技術を要する」のか、あなたが思う理由を伝えることが大切です。それと同時に、相手にとってのメリットも伝えられたら及第点です。

商品のPR効果を高めるためには、○○と△△の施策を講じる必要があります。つきましては、大変恐れ入りますが、報酬の上乗せをお願いしたく存じます。希望報酬は○万円です。ご検討いただけますと幸いです。

相手に横柄な印象を与えないよう「恐れ入りますが」というクッション言葉を使う一方で、こちらの希望額ははっきりと伝えています。このさじ加減が重要です。

フリーランスにとって「自分の報酬」を決めることは大切な仕事のひとつです。提示された報酬額を丸呑みするのではなく、常に「なぜこの報酬額なのか？」と考えるクセをつけましょう。

報酬額に対して自覚的になることによって、「提供物の価値や、自分の市場価値を高めるためにはどうすればいいか？」という思考が磨かれていきます。

21　「資本」の作業率を高める

自分が保有する「資本」の増減に敏感になりましょう。資本か否かの判断基準は「換金性」です。換金できるものが資本で、できないものは資本ではありません。

例えば、誰でもできる仕事を惰性でこなし続けている人は、とりあえずの報酬を受け取りますが、それらが「資本」になることはほとんどありません。

わたしの場合、これまでに書いた本はすべて「資本」です（本書で21冊目です）。

過去に書いた本の中には、定期的に増刷されてロングセラーになっているものもあります。言うまでもなく、増刷分の印税は、本という「資本」が生み出したものです。

ほかにも、本の「資本」としてのメリットには、「広告効果」「知名度向上効果」「信用獲得効果」などがあります。自分の名前がついた商品（本）が全国の書店やネット書店に置かれる。このことによって、わたしは「認知が広まる → 知名度が上がる → 信用性も高まる」というメリットを享受しているのです。

現に、本の読者がわたしに興味を持ち、動画を購入したり、コンサルティングを受けたり、サロンに入会したり、と、わたしが提供するCtoC型サービスを購入してくれることもよくあります。これは、数年前に書いた本が「未だに稼ぎ続けてくれている」ことを意味します。いえ、本を出したという事実が残る限り、一生稼ぎ続けてくれる可能性も秘めています。

ちなみに、出版した本の約半数が中国、韓国、台湾などで翻訳されています。

また、出版した本の約７割が、のちに電子書籍化されて、毎日、誰かがダウンロードしてくれています。つまり、本という「資本」を使ったコンテンツの横展開により、国内外で、継続して収入が発生しているのです。

出版と言わずとも、**ブログに書き続けた記事も「資本」と言えるでしょう。**例えば、フリーのフードコーディネーターとして活動するＡさんが、５年間ブログを書き続けているとします。検索などによって５年前の記事にアクセスが集まり、その結果、料理の作成と写真撮影のコーディネートの依頼がきたとしたら、５年前の記事が「資本」として稼ぎをもたらした、ということです。検索との親和性が高いYouTubeでの情報発信にも同じことが言えます。

NEWフリーランスにとっては**プロフィールに掲載できる実績も「資本」です。**なぜなら、実績があるフリーランスほど自分のことを売りやすくなるからです。サービス提供するときの価格設定にも、実績の多少が大きな影響を与えます。

少し極端な話をしましょう。

あなたがフリーのメンタルトレーナーだった場合、サッカーの久保建英選手と契約をすれば、その実績は巨大な「資本」として、この先、5年、10年、15年と、あなたの活動を下支えするでしょう。仮にその契約が年間200万円だったとしましょう。この契約の「資本」の価値は200万円でしょうか？　いいえ、おそらくウン千万円からウン億円に換金される可能性を秘めています。

あなたの今の仕事をよくチェックしてください。その中に「資本」になる仕事はどれくらいありますか？

NEWフリーランスであれば、なおのこと未来に活きる「資本」を増やしていく必要があります。一見すると無価値に見える過去の仕事や経験も、少し見方を変えることで「資本」になる可能性を秘めています。もっと言えば、あなたがこれから生み出す成果物や作品、あなたが手にする知識や情報、それらすべてを「資本にしていく！」くらいの気持ちを持ちましょう。

未来につながる仕事をする

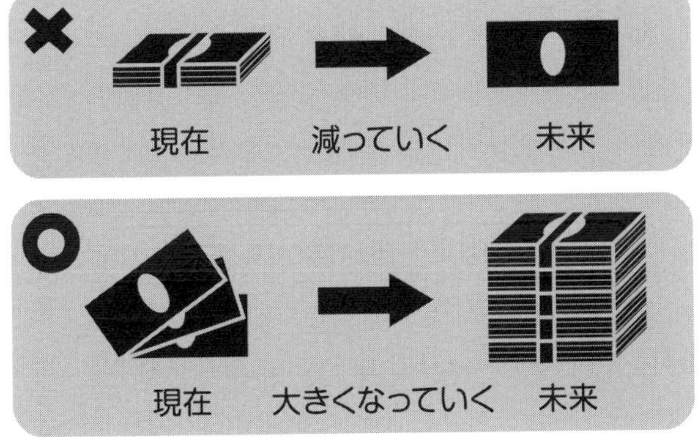

22 フリーランスは タイムマネジメントが超重要

フリーランスになれば自由な時間が手に入る。これは間違いではありません。しかし、その自由な時間を有益なものにできるかどうかは、その人の意識次第です。

例えば、納期が3日後の仕事を受けたとしましょう。仕事自体は5時間ほどで完成するとします。このとき「まだ余裕がある」と納期当日まで仕事を放置する〈先延ばし派〉はフリーランスとして成功しません。そもそもフリーランスに向きません。

納期当日、朝から高熱が出たら、どうするつもりでしょう。納期の延長交渉をするにせよ、身体にムチを打って仕事をして完成度の低い成果物を納品するにせよ、依頼主に迷惑をかけてしまいます。

一方、**デキる〈今やる派〉のフリーランスは、納期が3日後であっても、今日、使える時間があるなら仕事に取りかかります。**そうすることで、体調悪化をはじめとする緊急事態に対応できるほか、今日中に仕事を終わらせることで、残り2日を新たな仕事に回すことができるからです。依頼主にも喜ばれて、信用も上がります。

突発的に仕事の依頼がきたときも、〈先延ばし派〉はやらなければいけない仕事が詰まっているため、受けることができません。〈今やる派〉はすでに仕事が手離れしているため、二つ返事で受けることができます。その結果、信頼性が高まり、収入も増えるのです。

もっとも、〈今やる派〉は、「早い納品」を最優先しているわけではありません。彼ら彼女らは、生産性を最大化したうえでスピードを追求しているのです。

注意すべきは「睡眠不足」です。睡眠不足になると、著しく生産性が落ちてしまいます。また、同様に「脳疲労」にも注意が必要です。高い生産性と速いスピードを実現するためには、「睡眠」や「休息」をマネジメントしながら、脳を常にフレッシュな状態にしておくことが肝心です。

わたしの時間術の最たるノウハウは「制限時間を設ける」です。人は〈用意した時間を、ある分だけ費やしてしまう〉生き物です。これを「パーキンソンの第1法則（※）」と言います。俗に言う「余裕をぶっこく」状態です。「余裕があるとぶっこいてしまう」のだとしたら、そもそもの原因である「余裕」を取り除くことによって、時間効率を高めることができるはずです。

仮に今日いっぱいに納品すればいい仕事があった場合、その1日をダラダラと使うのではなく「正午までに終わらせる」という具合にタイムリミットを設定します。

制限時間を決めることで、脳の回転が速まり、集中力も高まります。

タイムリミットを設定するときは、終了予測時間から2割ほど削ることをおすすめします。1時間で終わると思ったら50分、30分で終わると思ったら25分という具合です。

わたし自身、仕事にタイムリミットを設けるようになってから仕事のスピードと生産性が2倍に増えました。「時間」を制する人は「仕事」を制する。稼ぐフリーランスが大切にしている意識づけです。

※パーキンソンの第1法則とは、「仕事の量は、完成のために与えられた時間をすべて満たすまで膨張する」というもの。

23 フリーランスが積極的に受けるべき仕事

きた仕事はすべて受ける。報酬の交渉もしない。腕を磨いているフリーランス1〜3年目であれば、そういう仕事の受け方をしてもいいでしょう。大量の仕事をすることでしか得られない経験値もあるからです。

多種多様な仕事を受けることで、自分の専門性やスキルがどういう場で発揮されやすいのかもわかってきます。つまり、仕事の選球眼が磨かれる、ということ。若い時分の「食わず嫌い」は、自分の可能性を下げてしまう恐れもあります。

一方で、**「きた仕事をすべて受ける」というスタンスで仕事をし続ければ、いずれ行き詰まる日がきます。**事実、少なくない数のフリーランスが、時間に忙殺されて、心身に不調をきたすなどの悲劇に見舞われています。加えて、似たような仕事ばかりしているため、働いている割に専門性やスキルが伸びていきません。このスパイラルに陥ると、自分の市場価値も思うように高まっていきません。

以下の3つは、わたしが考える「前向きに受けるべき仕事」です。

① 実績になる仕事

その仕事をすることで実績が増え、ブランディング効果が得られる場合、それは「将来につながる仕事」とも言えます。なぜなら、**近年、公式サイトやSNSのプロフィール（実績）を見て仕事の依頼をする人が増えているからです。**とくに駆け出しの時期で実績がまだない人は、実績になる仕事を軽視してはいけません。

仮に、わたしのプロフィールに「研修・講演実績多数」と書かれていた場合、多くの人が「ふーん」と読み流すでしょう。具体性を欠いた実績は誰にも刺さりません（評価対象にもなりません）。

以下は現在、わたしの公式サイトのプロフィール欄に載せている講師実績の抜粋です。

研修・講演実績／楽天新春カンファレンス、NEC、みずほ総合研究所、アステラス製薬、シオノギ製薬、キヤノン・コンポーネンツ、LIXIL、日本テキサス・インスツルメンツ、SMBC コンサルティング、パナソニック LS 創研、金融庁、国土交通省北陸地方整備局、横浜市市民局、PFU、富士通アイ・ネットワークシステムズ、福井新聞社、日本公認会計士協会東京会、BIGLOBE、アソビモ、電機連合埼玉地協、全水商連青年部連合会、産業交流展、リフォーム産業フェア、TC（テクニカル・コミュニケーション）シンポジウム、生活協同組合連合会コープきんき、日本福祉大、新潟マーケティング大学、STUDY HACKER、名古屋洋紙同業会、宇和島地域雇用創造協議会、秩父市雇用創造協議会、益子町役場観光商工課、中国行動派、名古屋而立会、八幡浜みなっと、今治 NPO サポートセンター、東武カルチュア、全国の商工会議所（甲府／大曲／近江八幡／橿原／ひたちなか／新発田／柏崎／富山市南／宇治／佐世保など）ほか多数

プロフィール欄の実績というのは強力なセールス文章とも言えます。この実績が圧倒的であれば、専門性が高いと思ってもらえますが、貧弱であれば、そこで興味を失う人もいます。実績に載る仕事

には、将来への投資効果もあるのです。実績にならない仕事だけをしていては、自分の可能性が広がっていきません。実績になりそうな仕事があれば、自ら営業をかけるくらいの貪欲さが必要です。

② 自分の価値を買ってくれる仕事

その仕事はあなたにしかできない仕事なのか。それとも、ライバルのフリーランスにもできる仕事なのか。両者の違いは「微差」ではなく「大差」です。

例えば、システム開発からインフラ構築まで高い技術力を誇る「フルスタックエンジニア」のAさんが、多くのエンジニアが書ける単調なコードばかり書き続けているのは"宝の持ち腐れ状態"です。

自身の武器を活かしきれていない現状を認識しつつ、惰性で受けている仕事を少しずつ手放す勇気が必要です。また、オンライン・オフライン問わず、周囲に自分の武器——高度なコードを書ける旨や、新しい仕組みを提案・開発・実装できることなど——をアナウンスしていくことも大切です。

そして、Aさんの能力を買って高度な技術を要するソフトウェアづくりの依頼をしてくる人や、開発プロセスを丸ごと任せてくれる人の仕事は積極的に受けるべきです。自分の武器を最大限に活かすことで、ハイクオリティな成果物を生み出すことができるはずです。

結果を残し続けることで報酬の引き上げも期待できます。なぜなら、依頼主はAさんに仕事を断られると困るからです（希少性が高く、代えが利かない状態)。このとき依頼主が買っているものはAさんの「時間」ではなく、Aさんの「武器（高度で筋のいいコードを書ける能力)」です。

フリーランスの価値を高く買ってくれるクライアントは、そのフリーランスを第三者に紹介してくれる人でもあります。**「価値ある物」が世の中で評判になりやすいのと同じで、価値ある武器**（専門性やスキル）**はその業界で評判になりやすいものです。**

もちろん、口コミされるためには、あなたが、代えの利かない専門性やスキルを有し、それを仕事という現場で証明していく必要があります。あるいは、インターネットやSNSを使って、文字や言葉で伝えていかなければいけません。「高い価値×高いデリバリー能力」であなたのブランドがつくられていきます。

③ 進化・成長できる仕事

従来のフリーランスにとって「安定していること」は大きな魅力であり、安心でした。しかし、今の時代では安定を求めすぎるとリスクが高まります。時代の変化スピードが速すぎるからです。

もしもあなたが「ラクにできる仕事だけしていたい」と思っているとしたら注意が必要です。「できる仕事」しか受けないと、仕事の筋肉がついていきません。現代社会において、進化・成長できない人の未来は明るくありません。ラクにできる仕事は誰にでもできる仕事です。つまり、あなたは代替可能ということです。

「これまで受けたことのない仕事」「難しそうな仕事」「レベルが高い仕事」。そういう仕事こそ積極的に受けていきましょう。今まで使ったことのない筋肉を使うことで、あなたの専門性とスキルが磨かれ、人間としての器も大きくなっていきます。

ハードルが高く感じられるオファーに対して「イエス」と即答し続けられる人は、成功サイクルへと入っていくことができます。

24 メンタルがやられる担当者とは付き合わなくていい

気持ちよくコミュニケーションできない人との仕事は継続しないほうが賢明です。なぜなら、エネルギーを吸い取られて、やる気や仕事の生産性が落ちてしまうからです。

以下は気持ちよくコミュニケーションできない人の特徴例です。

◎ 言葉や態度が乱暴
◎ 上から目線
◎ 自分勝手
◎ 時間にルーズ（メールやチャットのレスが遅いなど）
◎ ○○ハラスメントがある
◎（こちらへの）敬意がない
◎ 責任を丸投げしてくる
◎ 粘着質
◎ 仕事に対する「愛」や「情熱」がない

もちろん、選り好みが激しすぎて、多くの人を排除してしまうのは極端です。疑心暗鬼が強すぎる人や繊細すぎる人は、自分自身の内面を丁寧に見ていく必要があります。

とくに、自己肯定感が低めの人は、自分の思い込みを外すリフレーミング（※）に取り組みながら、自己肯定感を高める方法がおすすめです。レジリエンス（心のしなやかさ）も高まっていきます。

※リフレーミングとは、ある出来事や物事に対する見方を変えること。「スピードが遅い」を「丁寧で慎重」に変える。「落ち着きがない」を「好奇心が旺盛」に変える。——という具合に、短所を長所に変えていくことで、自分を肯定する気持ちが少しずつ育まれていきます。

一通りの防衛策を講じてもなお大きなストレスを感じるようなら、その後の仕事は断りましょう。断る際は、断る理由（差し障りのない理由がおすすめです）と一緒に相手への敬意と感謝を添えるなど、後腐れなくやり取りする必要があります。不要なストレスが消えれば、その分のリソース（資源）を自身の技術向上やほかの仕事に活かすことができます。

人間関係を整えて自分のメンタルコンディションを整えることもフリーランスの大事な仕事です。いつでも迷いなく仕事を断れる自分でいるためにも、自身の専門性とスキルを磨き、ブランド（市場価値）を高めていきましょう。

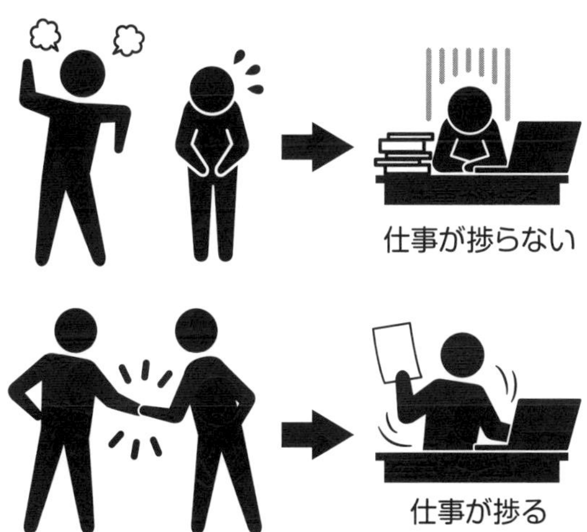
嫌な人とは仕事をしない
仕事が捗らない
仕事が捗る

25　クラウドソーシングサービスを利用する

昨今、「クラウドワークス」や「ランサーズ」「ジョブハブ」「コデアル」「レバテックフリーランス」「ココナラ」などのクラウドソーシングサービスも拡大&充実してきています。

クラウドソーシングサービスとは、仕事を発注したい依頼主と、仕事を受注したいフリーランスを結びつけるマッチングサービスです。成果物に対して依頼主から受注者へと報酬が支払われます。今やクラウドソーシングは、ライターからデザイナー、エンジニアまでさまざまな職種の人の活躍の場になっています。

こうしたプラットフォームの充実は、間違いなくフリーランスにとっては追い風です。

とくに、フリーランスに成り立ての人（あるいは、会社員時代に腕を磨きたい人）で、なかなか仕事と巡り会えない人は、プラットフォームを賢く利用しましょう。

「仕事の案件がある」ことは、独立当初はありがたいものです。実力をつける機会になるほか、依頼主とのメッセージのやり取りを通じて、文章コミュニケーション力や提案力、プロフィール作成力、営業力なども伸びていきます。

今であれば、写真を売るなら○○○、イラストを売るなら○○○という具合に、自身の作品を売ることができるプラットフォームもたくさんあります。

あなたの成果物が作品として成立するものであれば、そうしたプラットフォームを活用するのもいいでしょう。何度もダウンロードできるデジタル作品であれば、一度つくった作品が稼ぎ続けてくれるケースもあります。つまりは「不労所得」です。

ただし、本書の第3章以降で提唱するNEWフリーランスの働き方は、自身の市場価値を高めるブランディング活動を軸にしています。つまり、最終的には、プラットフォームに依存しない働き方へシフトすることがゴールです。あなたを必要とする人に見つけてもらい、その人からダイレクトに声をかけてもらえる存在になることが最強です。

言うまでもなく、マッチング系のプラットフォームでは報酬から手数料が引かれます。また、プラットフォーム内では競争が激しく、価格競争に巻き込まれやすいというデメリットもあります。

プラットフォームを利用するのであれば「経験のため」および「腕磨きのため」と割り切ることが大切です。フリーランスとしての基本的な筋肉をつけたうえでNEWフリーランスとして舵を切る。そんなイメージを持ちましょう。

26 エージェントや人材サービスを活用する

職種にもよりますが、エージェントを活用して仕事を獲得するのもひとつの方法です。

エージェントを活用する最大のメリットは「営業をしなくて済む」ことです。

あなたと企業の仲を取り持ってくれるのがエージェントです。あなたの強みを理解してくれたうえで、それを必要としてくれる企業につないでくれるのですから、これほどありがたい話はありません。

仮にあなたの実績がまだ乏しかったとしても、エージェントの信頼性が高いことによって相手企業があなたを選んでくれることもあります（エージェントに感謝しなければいけません）。とくにフリーランスに成り立ての時期は、エージェントを有効活用することで仕事に安定感が生まれやすくなります。

エージェントに対しては、あなたの専門性やスキルを「細かく」「誤解なく」伝える必要があります。エージェント向けの「営業ツール」も渡せるよう準備しておきましょう。

「企画案を提出してください」「サンプルを提出してください」というエージェントからの要求に迅速に応えることも肝心です。**エージェントが「優秀な人材だ」と思わなければ、当然、あなたを先方企業に売り込もうとは思わないはずです。**

エージェントはあなたを売り込んでくれる代理人です。彼ら彼女らが少しでも売り込みしやすいようお膳立てしておくことで、仕事の獲得確率が高まります。

なお、エージェント選びには慎重を期しましょう。中には、取引している企業の質が低い、あるいは、売り込み能力が低い、というエージェントも存在します。知り合いのフリーランスから評判のいいエージェントを紹介してもらえるようなら、それに越したことはありません。

もちろん、クラウドソーシング同様、報酬からは手数料が引かれます。また、何かしらの理由でエージェント自体が消滅した場合、仕事が一気になくなる恐れもあります。

ありがたい存在ではありますが、NEW フリーランスとしてリスクなく活躍するためには、エージェントへの依存度が高すぎるワークスタイルは好ましくありません。あなたの市場価値を高めて、企業と直接取り引きする活動も並行していきましょう。

ちなみに、エージェント以外に、フリーランス案件を扱う人材紹介サービスもあります。「フリーコンサルタント.jp」「プロの副業」「スマートキャリアエグゼクティブ」「プロシェアリングサービス」「i-common（アイコモン）」「顧問名鑑」「パソナ顧問ネットワーク」など。気になる人は、取り扱い案件を確認してみましょう。

27 文章コミュニケーションを上達させる

厳しいようですが、メールやチャットを使ったコミュニケーションがスマートにできない人は、フリーランスとして失格です。なぜなら、今の時代、**仕事のやり取りはその９割以上がオンラインでやり取りされている**からです。

文章コミュニケーションで気をつけるべき６つのポイントを紹介します。

① 情報が抽象的すぎる

「資料をお送りください」と書いて送信したものの、相手に「どの資料だよ？」と思われてしまうとしたら悪文です。この場合、誤解を招かないよう「プロジェクトＡの計画書をお送りください」のように具体的に書く必要があります。

「早めに終わりましたので次に取りかかります」と書いてあるが、相手が「早めって何が？　次に取りかかるって何の話？」と思うようなケースもそう。「週刊誌Ａの挿し絵を描き終えました。次は月刊Ｚの表紙のデザイン案作成に取りかかります」と書く必要があります。

伝わらない文章を書く人の多くが「自分がわかっていることは相手もわかっている」と思い込んでいます。この考えが悲劇を生んでいます。相手は何も知らない。何もわかっていない。そういう立ち位置から文章を紡ぐようにしましょう。

② あいまいな返事が多い

仕事の依頼を受けたときに「少し立て込んでいますので、検討させてください」「手元の仕事が今週末で片付くと思うのですが……まだなんとも言えません」のような返信をしている人は注意が必要です。

相手が欲しい返答は「イエス」か「ノー」かです。ノーなのであれば、相手は次の発注先を探さなければいけません。不明瞭な返事をする人は、相手の時間を奪い、仕事の手を止めさせている人です。これでは信頼を勝ち取ることはできません。

どうしても検討する時間が欲しいなら「明日の正午まで返事をお待ちいただくことは可能でしょうか」のように、遠すぎない期限を示しつつ、許可をもらうようにしましょう。

③ 文章がダラダラと長く、ノイズ（ムダな内容）が多い

相手が求めていない（望んでいない）前置きや雑談、脱線話が多いと、相手に煙たがられます。〈この人は情報が整理できていない＝この人は仕事ができなさそう〉と思われかねません。また、ダラダラした文章は相手の時間を奪う行為です。過不足なく情報をやり取りする意識を持ちましょう。

④ 相手に「してもらいたい行動」を具体的に書く

「よろしくお願いします」で伝わると思ったら大間違いです。

「カタログのデータを添付しております。よろしくお願いいたします」という文面では、相手は何をすればいいのかわかりません。

相手に何かしらの行動をとってもらいたいときは、「よろしくお願いいたします」の中身を具体的に書く必要があります。「カタログのデータを添付しております。商品ラインアップに間違いがないか、チェックいただけますか。よろしくお願いいたします」という具合です。

⑤ 相手の質問に答えていない・答えがズレている

相手のメールに返信する際、相手の質問に答えていなかったり、答えが的確さを欠いていたりすると、仕事にロスが生じます。

再びメールのやり取りをすることは、相手にとって大きな負担とストレスです。これでは相手の信頼を勝ち取れません。

そもそも質問に的確に答えられないと、「この人は読解力や理解力が乏しい」と思われかねません。「この人は仕事がデキない」と思われたら次の仕事はないと思いましょう。

⑥ メールやチャットの返信が遅い

ビジネスメールでは、24時間以内の返信がセオリーとされています。ただし、それは24時間以内であればOKという意味ではありません。とくに、あなたの実績が乏しい場合、仕事の依頼メールに素早く返信しなければ、「急ぎの案件でしたので、ほかの方にお願いしました」のような結果を招いてしまうこともあります。

仕事の受注後も「スピーディにやり取りする＝価値」です。とくにその返信が遅れることによって「相手の仕事が止まること」や「プロジェクトの進行に滞りが生じること」が明らかな場合は、即レスを心がけましょう。

第3章

高く売れる
サービス（商品）
をつくる

28　5年後の未来を具体的にイメージする

インターネット＆SNS全盛の時代です。大勢の人の手にスマートフォンが握られ、1日平均2～3時間をそこに費やしているというデータもあります。（※）

これはフリーランスにとって「大きな可能性」にほかなりません。SNSをはじめとするインターネットメディア＆ツールを駆使することで、より自由に「働き方」をデザインし、「自分の未来」を思い描けるようになったのです。

この先でお伝えする**NEWフリーランスという働き方とは、パーソナルブランディングを軸に、あなた自身の市場価値を最大化し、より高値で買ってもらう働き方です。**

それと同時に、あなた自身が、仕事を受ける側ではなく、何かしらのサービスを提供する側に回るアプローチでもあります。つまり「もらい仕事（請負仕事）＋与え仕事（CtoC型サービス提供）」のハイブリッド型です。

プロセス紹介に入る前に、一度考えてみてください。もしも、NEWフリーランスとしての人生があなたの思い通りになるとしたら、どんなワークスタイルやライフスタイルを送りたいですか？

※MMD研究所が発表したスマートフォンを所有する15歳～59歳の男女を対象に実施した「2019年版：スマートフォン利用者実態調査」。スマートフォンの利用時間を尋ねたところ、「2時間以上3時間未満」（21.8%）が最も多く、「1時間以上2時間未満」（16.9%）が続いた。

◎ どんな場所で生活・仕事をしたいか？
◎ あなたが叶えたい目標や夢は何か？
◎ どんなCtoC型サービスを提供したいか？（従来の請負仕事とは異なるもの）
◎ どれくらい自由な時間を手に入れたいか？
◎ どんなことにお金を使いたいか？
◎ 仕事以外にどんな趣味に打ち込みたいか？
◎ 周囲の人たちとどんな人間関係を築きたいか？
◎ どんなコミュニティをつくりたいか？
◎ もし本を出すなら、どんな本を出したいか？

これらについて書き出してみましょう。

ポイントは現状の延長線で「できる・できない」を考えない、ということです。あなたの未来像を、自由に（制限を加えずに！）思い描きましょう。たとえそれが人から妄想だと思われるようなことでも、SNSを使うことで、その妄想の実現可能性を高めることができます。

仮にカメラマンのあなたが、「自分の写真展に1000人を集めたい」と思うなら、自身の「旗」を際立たせたうえで、作品（写真）をSNSで発信していけばいいのです。作品の認知度が高まることで「写真展に1000人」が夢ではなくなります。

時代は大きく変化しました。わたしたちは、限られた人脈（クライアント）だけでなく、日本中の人、いえ、世界中の人に、自分の専門性やスキルを認知してもらえる可能性を手にしています。この可能性に目を向けることによって、新たな働き方・生き方ができるようになります。

本書の読者の中には、仕事での成功だけでなく、今ある武器を活かしてアーティストや作家としても活動したい、と考えている方もいるかもしれません。あるいは、自分の武器を活かして、もっといろいろな形で社会の役に立ちたいという人もいるでしょう。

「SNSでの情報発信×パーソナルブランディング」で自分の市場価値を高めていくNEWフリーランスという生き方には、それぞれが掲げる目標や夢の実現に必要なエッセンスもぎっしり詰まっているのです。

NEWフリーランスはハイブリッド

もらい仕事

与え仕事

自分の武器をネットでアピール

SNSでの情報発信

パーソナルブランディング

29 「少数の上客に支えられる」はリスク

フリーランスという働き方の形態について考えるとき、多くの人が、収入の不安定さをデメリットとしてあげます。間違いではありませんが、フリーランスにとって「安定＝リスク」であることも知っておくべきでしょう。

例えば、そのフリーランスの収入が年間800万円で、そのうちの600万円を1社から得ていたとします。これは一見すると大変ありがたい話です。

ただし、その1社からの収入が途絶えたとき、突如として路頭に迷ってしまいます。

フリーランスにとって理想の状況は、スポット（単発）の仕事が常に舞い込む繁盛店をつくることです。少数の上客に支えられているお店ではなく、店前に行列をつくらせることが肝心です。

もちろん、**大口顧客はありがたいものですが、総収入におけるその割合は3割程度に抑えておいたほうが賢明です。**

すでにフリーランスとして活動している人は、自分の仕事をリストアップしたうえで、全体の収入における割合も書き出しましょう。

以下は「請負仕事」のみで活動している従来型フリーライターの収入割合例です。

〈収入の割合（1）：すべて請負仕事〉

◎ 雑誌Aの定期原稿執筆（60%）
◎ 雑誌Bの定期原稿執筆（15%）
◎ 雑誌Cの定期原稿執筆（15%）
◎ ウェブ媒体Cの定期原稿執筆（5%）
◎ スポット（単発）の原稿執筆（5%）

仕事ロス時のリスク大

雑誌Aへの依存率が高く、理想的とは言えません（雑誌Aの仕事を失ったときの打撃は計り知れません）。わたしの考える理想的な収入配分は以下です。

〈収入の割合（2）：すべて請負仕事〉

◎ 雑誌Aの定期原稿執筆（25%）
◎ 雑誌Bの定期原稿執筆（10%）
◎ 雑誌Cの定期原稿執筆（10%）
◎ 雑誌Dの定期原稿執筆（10%）
◎ ウェブ媒体Aの定期原稿執筆（10%）
◎ ウェブ媒体Bの定期原稿執筆（5%）
◎ ウェブ媒体Cの定期原稿執筆（5%）
◎ ウェブ媒体Dの定期原稿執筆（5%）
◎ スポット（単発）の原稿執筆（20%）

仕事ロス時のリスク小

収入の入り口が多い分、仕事ロスによる収入減リスクは低めです。スポット（単発）の原稿執筆の割合が多いのは、店前に行列ができている証拠です。

次に営業コンサルタントの例をあげます。先ほどのライター同様、「（1）」よりも「（2）」のほうが、仕事をロスしたときの収入減リスクが低めです。

〈収入の割合（1）：すべて請負仕事〉

◎ A社の顧問契約（50%）

◎ B社の顧問契約（20%）

◎ C社の顧問契約（15%）

◎ D社の顧問契約（15%）

仕事ロス時のリスク大

〈収入の割合（2）：すべて請負仕事〉

◎ A社の顧問契約（25%）

◎ B社の顧問契約（20%）

◎ C社の顧問契約（10%）

◎ D社の顧問契約（10%）

◎ E社の顧問契約（10%）

◎ F社の顧問契約（5%）

◎ G社の顧問契約（5%）

◎ スポット（単発）のコンサルティング（15%）

仕事ロス時のリスク小

一方、NEWフリーランスの場合は、従来型フリーランスと異なり、収入の割合が大きく変化します。

〈NEW フリーランスの収入の割合〉
◎ 請負仕事（50%）
◎ CtoC 型サービスの提供（50%）

このように、**「請負仕事 50%＋ CtoC 型サービスの提供 50%」が NEW フリーランスの収入割合の基本イメージです。**「請負仕事」と「CtoC 型サービス提供」の内訳は、ケース・バイ・ケースです。収入源が多いほうがいいケースもあれば、少なくても OK なケースもあります（後者の例：ひとつの CtoC 型サービスが爆発的人気となる場合など）。

もちろんこの先、あなたの市場価値が高まり、ブランドが構築されていけば、「CtoC 型サービスの提供」のパーセンテージはどんどん伸びていきます。かといってその分、忙しくなるということでもありません。なぜならサービス提供で得られる収入は、働いた時間に対して支払われるものではないからです。世間的には高額と思われるサービスでも、そこに価値を感じてくれる人がいればビジネスとして成立するのです。

フリーランスで年収 1000 万円以上を稼ぐ人は全体の 10% くらいと言われています。請負仕事で稼ぐ従来型フリーランスの場合、年収 1000 万円に到達すれば、収入面では大成功と言えるでしょう。

一方、CtoC 型サービス提供も行う NEW フリーランスの場合、その収入に上限はありません。自身の市場価値が高まれば、その分、ビジネスチャンスも増え、収入も上がっていきます。

30 「CtoC 型サービス提供」で必要な３本柱

NEW フリーランスが「CtoC 型サービス提供」をするときに必要となるのが「サービスメニューづくり」「アナウンス」「ブランド」という３本柱です。

① サービスメニューづくり

ビジネスをするうえで最も大事なのが「サービスメニューづくり」です。

押さえておくべきは、**サービス内容がお客様の「悩み解決」になっていること**と、**お客様に「明るい未来」を与えられていること**の２点です。サービスによっては「楽しく取り組める場」や「結果・成果が出やすいシステム」のような点も重視されます。

ただし、競合が多すぎては選ばれにくくなります。自分の市場価値と武器（専門性とスキル）を活かしつつ、競合と一線を画すオリジナルサービスを生み出しましょう。

サービスの質が低くお客様に満足してもらえなければ、リピートもされず、口コミも起きません。最悪、信用とブランドを落としてしまうこともあります。十分に注意しましょう。

② アナウンス

どれだけすばらしいサービスでも、その存在が知られていなければ、誰も買うことができません。通常、**サービスのアナウンスは、**

公式サイト、メルマガ、ブログ、Facebookなど自身の保有メディアで行います。

普段、情報発信を受け取っている人が「この人の実績はすばらしい」「考え方が役立つ」「人柄がすばらしい」「ノウハウがすばらしい」と感じてくれるようなら、サービスのアナウンスをしたときの反応率（サービス購入率）が高まります。

つまり、アナウンスの結果は、大方、アナウンス前に決まっているのです。

では、普段、どのような投稿をすればいいのでしょうか？　わたしが提唱しているのが**「貢献の投稿」**です。自分の専門性とスキルに基づいて、読者（見込み客）に「新しい情報」や「役に立つ情報」「悩み解決につながる情報」などを提供することによって、読者の信用を貯金することができます。

この貯金の量に応じて、サービス提供のアナウンスをしたときのリターンが変化します。つまり、貯金が多ければ多いほど、反応率が高まる、ということです。

サービス内容がいいにもかかわらず、売れ行きが悪いとしたら、それは普段の情報発信で、読者に貢献できていないせいかもしれません。読者のメリットにならないことや、単なる雑記や日記を書き散らしている人は、とくに注意が必要です。

もちろん、サービスのアナウンスをするときには、読者（見込み客）の興味を引く書き方をしなければいけません（書き方については219ページ参照）。また、アナウンスする回数も大事です。一度や二度では気づかない人もいます。しつこいと思われてはいけませんが、サービスの存在をしっかり認知してもらうためには、ある程度の回数が必要であることも覚えておきましょう。

なお、サービスを広める方法には「広告」もありますが、資金も実績もないうちから使うことはおすすめしません。

NEWフリーランスの販売戦略の基本は「SNSでの『貢献の投稿』→『信用貯金』を貯める → サービスのアナウンス → サービス購入」のサイクルです。各フェーズの質を高めていくことに注力しましょう。

もちろん、サービスが軌道に乗り、収入にも余裕ができたときは広告の利用を検討してもいいでしょう。費用対効果を精査しながら出稿するメディアと予算を決めましょう。

③ ブランド

ブランド力が高まると、そのサービスを必要としている人が「勝手にこちらのことを探してくれる」「勝手にサービスの口コミをしてくれる」ようになります。

NEWフリーランスのブランディングでは、その分野で日本ナンバー1の有名人になる必要はありません。言うなれば、小さな山の頂上を目指すくらいのイメージです。

現に、わたしの名前(山口拓朗)は全国区ではありません。しかし、文章の書き方を学びたいと思った人がGoogleやYouTubeやAmazonで検索をしたときに、わたしの名前と出会う可能性が高くなるよう、日々の情報発信に力を入れています。

わたしの場合は、出版していることも大きなアドバンテージです。

しかし、出版やマスコミ出演を絡めずとも小さな山の頂上に登ることは（＝ブランドを築くことは）できます。その方法が、SNSで「貢献の投稿」をし続ける、なのです。

NEWフリーランスが提供するサービスの「稼ぐ力」を数値化するなら、シンプルに「サービス力 ＋ アナウンス力 ＋ ブランド力」で表せます。それぞれ10段階評価として「3＋3＋3」と「8＋8＋8」では、その差は大差です。どれかひとつだけ突出していればいいということではありません。すべての力を伸ばしていくことでレバレッジが最大化します。

3つの力を合わせて稼ぐ仕組みをつくる

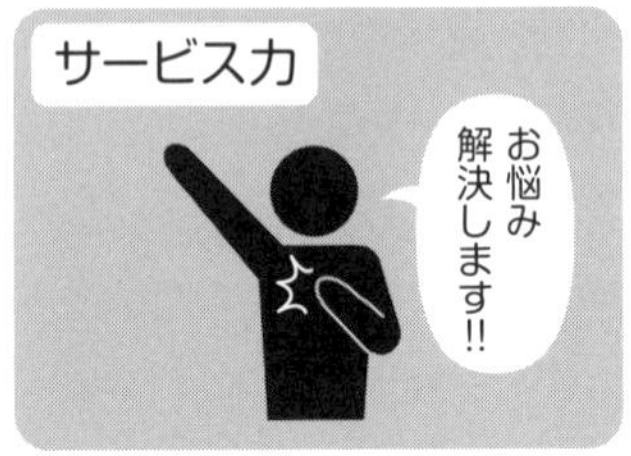
サービス力
お悩み解決します!!

アナウンス力
○○ができますよ!!

ブランド力
1
小さい分野でいいから1位になる

31 SNSを活用しながら自分のブランドを高める

従来型フリーランスの中には、自分の市場価値を高めることに興味を示さない人もいます（特定の人脈内で市場価格が高い人はいますが)。これまで不自由なく食べてこられたので「とくに必要なし」と考えているのかもしれません。

しかし、これまでと同じやり方で3年後、5年後も食べていけるかと言えば、疑問が残るところでしょう。なぜなら、「ビジネスにおける人選びの流れ」が、刻一刻と変わってきているからです。

仮に、企業が自社の新しいロゴを制作する際に、デザイナーを探していたとしましょう。

従来なら、自社が所有するリストや人脈を介しての人選が一般的でした。しかし、2020年代の今であれば、当然、インターネットやSNSを使って探す、というアプローチも検討するでしょう。そのほうが、限られたコネクションの中で探すよりも、優秀でコストパフォーマンスが高いデザイナーを見つけやすいからです。

あなたが急に「スポーツ撮影を得意とするカメラマン」を探そうと思ったときも、きっと似たアクションを起こすはずです。

知り合いに適したカメラマンがいなければ、インターネットの検索窓に「スポーツ　撮影　専門　カメラマン」のようなキーワードを打ち込むか、SNSを使って探そうとするのではないでしょうか。

今やフリーランスに商圏はありません。「ビジネスにおける人選

び」の主戦場はインターネット上です。見知らぬ人や企業に検索された際、自分のことを「見つけてもらう」、そして、「自分を選んでもらう」必要があるのです。

ここで必要となるのが、公式サイトとSNSを使ったパーソナルブランディングです。パーソナルブランディングは、NEWフリーランスを目指すすべての人が取り組むべき戦略です。本書におけるパーソナルブランディングの定義はこうです。

設定したターゲットに「○○をお願いするならこの人」と真っ先に（！）思い浮かべてもらうこと。

自分のブランドをつくることで得られるメリットは4つです。

① 仕事を獲得しやすくなる（とくに新規）
② 価格やギャラの交渉を優位に進められる
③ オリジナルのCtoC型サービスが売れやすくなる
④「メディア取材」「メディア出演」「出版」「講演」などのオファーが増える

もちろん、自分のブランドをつくることで、「営業」「宣伝」「集客」など、あらゆる活動を有利に進めやすくなります。

専門性とスキルを武器に働くフリーランスが「自転車に乗っている人」だとするなら、そこにブランドを組み合わせたNEWフリーランスは「電気自転車に乗っている人」です。疲れ知らずでどんどん先に進んでいくことができます。

32 「専門性」をベースに「教える」を仕事にする

◆可能性を秘めた「教える仕事」

すべてのフリーランスに共通して提供できるサービスが「教える仕事」です。

この先、教育系のビジネスが活況を呈すことは間違いありません。加速するAI化やオンライン化に加え、働き方改革や社会制度の変革によるライフスタイルの変化により、人に「時間」が生まれはじめているからです。

また、人々の価値観も「モノやお金の獲得」から「心の豊かさ」へシフトしていきます。こうした変化の中で、NEWフリーランスが担える役割が大きくなっています。

接客コンサルタントなら接客方法やコミュニケーション方法、イラストレーターならイラストの描き方、インテリアコーディネーターなら快適な住居空間のつくり方——を教えられるはずです。また、世の中では○○のスキルを身につけたい、○○のスキルにより磨きをかけたい、というニーズも高まりを見せています。

例えば、動画の編集をプロに依頼すればそれなりのコストがかかります。「だったら、基本的な編集くらいは自分でできるようになりたい」と考える人が増えています。

さらには「せっかく学ぶなら、その技術や能力を使って自分で仕事をしてみたい」という人も増えています。

このような需要にフィットするのが、NEW フリーランスの「教える仕事」です。平たく言えば、**「スキルを身につけるサービス」や「後進を育てるサービス」を用意すればいいのです。**自分のリソース（資源）を使うので、金銭的なコストもほとんどかかりません。

◆「プレイヤー」としてだけで生きない

NEW フリーランスは、専門性とスキルを駆使して成果物をつくる「プレイヤー」としてだけでなく、それらの専門性を「教える仕事」にも転用できる人たちです。

「プレイヤー」であると同時に、「コーチ（コーチする人）」や「ティーチャー（教える人）」「コンサルタント（相談に乗って、解決策を示す人）」として活動することによって、収入の入り口と量を増やしていくことができます。

① プレイヤー → 自分で成果を出す人
② コーチ／ティーチャー／コンサルタント → 他人に成果を出させる人

従来型のフリーランスの大半が①の仕事に専念しています。

もちろん、この働き方が悪いわけではありません。プレイヤー一筋で圧倒的な実績を生み出し続けていくことも、フリーランスとしての生き方のひとつです。

一方で、**①に②を加えるだけで、NEW フリーランスへと進化し、その人の可能性は一気に広まります。**

わたし自身、独立してから7、8年は①のスタイルでしたが、その後の10年で「①+②」のワークスタイルにシフトしました。

以下は、現在のわたしの仕事の内訳です。

① プレイヤー：雑誌やウェブメディアの記事執筆／代理ライティング（代筆）

② 教える仕事：ライティングサロン主宰／国内外での講演・セミナー／企業研修／コンサルティング

このほかに、①と②どちらの要素も含んだ「本の執筆」もあります。

コロナ禍に襲われる以前は、中国企業に招聘されて、中国6大都市で計20回以上、「スーパーライター養成講座（3日間講座）」を開催しました。

従来の「文章を書く」という仕事に「文章の書き方を教える」という仕事を組み合わせることで、国境を超えることができ、収入も3倍になりました。

同じように（「①」から「①+②」へ）シフトを図った知人のフリーランスたちも、そのほとんどが倍以上に収入を増やしています。なぜなら、**「プレイヤー的働き方」の多くが、やった分だけお金になる「労働集約型」**であるのに対し、**「教える働き方」は、知識や経験を活かす「知識集約型」**だからです。

わたしの知り合いには、同一テーマで年間100本以上の講演をしているNEWフリーランスもいます。かなり効率よく「知識」を「お金」に換えているケースと言えるでしょう。

◆自分より後ろを歩いている人に教えればいい

「教える仕事をはじめましょう」と言うと、「いえいえ、わたしのスキルはまだ未熟ですから」と答える人がいます。

気持ちはわかりますが、その「未熟」とは誰と比較してのものでしょうか。少なくとも、素人からすると、あなたのスキルは学ぶに値するレベルのはずです。

わたしも例外ではありません。わたしよりも、うまい文章、魅力的な文章を書く人は世の中に山ほどいます。その人たちと比べていたら、わたしは本も書けませんし、セミナーもできません。ましてや継続的に技術を指導するオンラインサロンなど運営できません。

「自分より後ろを歩いている人」に教えればいい。教える仕事に二の足を踏む人には、この言葉を贈りたいと思います。

あなたがクルマの運転を学ぶ相手はプロレーサーの佐藤琢磨さんである必要はありません（そんなトップドライバーから学ぶのは気が引けますよね？）。「街中走行」「縦列駐車」「車庫入れ」がうまい人であればそれで十分ではないでしょうか。

あなたが教える相手も同じです。仮に、あなたの実績やスキルがまだ十分でないとしても、あなたの後ろを歩いている人に対して何か教えられることがあるはずです。

言うまでもありませんが、これは「未熟のままでいいんですよ」という意味ではありません。専門性とスキルを貪欲に磨き、自身の市場価値を高めていくことで、「中級者向け」や「上級者向け」など、よりハイレベルな「教える仕事」を提供できるようになります。

そうなれば、希少性が高まるため価格も高めに設定できます。「教える仕事」はあなたの進化・成長に伴い、そのスケールを大きくしていくことができるビジネスなのです。

「プレイヤー」として活躍し続けるのはもちろんすばらしいことですが、「教える仕事」の中に、あなたの本当の才能が隠れている可能性もあります。NEW フリーランスとして生きるという選択は、「自身の可能性」を積極的に切り拓いていく生き方でもあるのです。

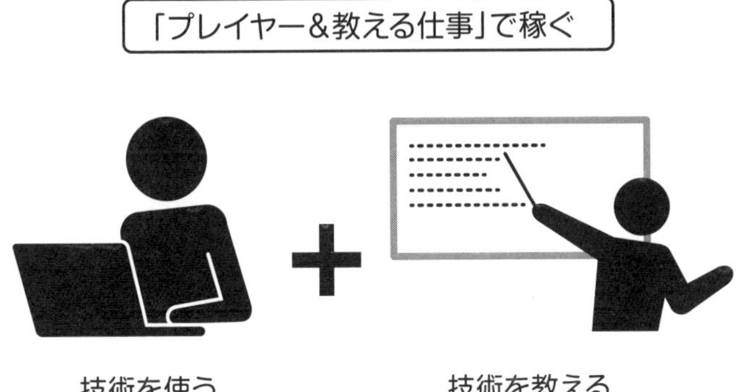

33 サービス開発は「誰かの悩みを解決する」で考える

どんなに自信のあるサービスでも、お客様の悩み解決につながらないものは売れません。

わたしの場合であれば、「文章を書くことが『苦手な人』を『得意な人』へ変化させる」という悩み解決が、すべてのサービスの軸になっています。それくらいシンプルに考えることが大切です。まずは、あなたにできる「悩みの解決策」をシンプルに表現してみましょう。

SNS全盛の時代においては、どれだけ口コミや紹介が生まれるかもポイントです。あなたもレストランで感動するほどおいしい食べ物を食べたときにSNSに投稿したり、レビューサイトに投稿したりすることがあるでしょう。平凡なお店の平凡な味であれば、投稿しようとは思わないはずです。

あなたのサービスも同じです。お客様の悩みを解決し、満足&感動してもらえたなら、口コミや紹介が生まれやすくなります。

ただし、お客様が抱える「悩み」には、根が深いものも少なくありません。表層的な解決にとどまってしまうと、お客様に真の満足を感じてもらうことはできません。**大事なことは、サービスメニュー開発をするときに、ターゲットの「本質的なニーズ」にまで踏み込む、という意識です。**

例えば、世の中には、痩せたい人や英語力を伸ばしたい人がたくさんいます。だから、ダイエットプログラムや英会話レッスンのメニューを用意すればOK――という単純な話ではありません。

なぜなら、多くのダイエット志望者や英会話力アップ志望者は「何をやっても結果が出ない」「頑張っても続かない」という根深い悩みを抱えているからです。

つまり、サービス提供者は「どうやったら続くのか」という本質的なニーズを汲み取ってサービスメニューを開発しなければいけないのです。必要となるのは「楽しく続けられる工夫」かもしれませんし、「結果・成果が出やすい仕組みづくり」かもしれません。

とくに、競合の多い分野では注意が必要です。顕在化しているニーズにアプローチするだけのサービスでは、なかなか買ってもらうことができません。潜在的なニーズ（多くの場合、本質的なニーズ）にも光を当てる意識を持ちましょう。

あなたがサービスを届けようとしている人の「顕在的なニーズ（悩み）」は何ですか？　そして、「潜在的なニーズ（根深い悩み）」は何ですか？　このふたつの答えを洗い出すことで「長期で売れるサービス」になりやすくなります。

次項からは、より具体的にサービスメニュー開発の可能性を模索していきます。それぞれの具体例は、フリーライターであるわたしの体験に基づいています。

34 「講座・スクール（塾）」を提供する

NEW フリーランスは自身が「コンテンツホルダー」であることを自覚しましょう。

例えば、すでにある専門性とスキルを使って「○○習得ノウハウ」を体系化することで、講座やスクール（塾）などの教育サービスを提供することができます。NEW フリーランスが軸にしやすいサービスのひとつです。

◎ 音声講座・セミナー
◎ 動画講座・セミナー（録画）
◎ オンライン講座・セミナー（リアルタイム配信）
◎ 会場参加型講座・セミナー
◎ パーソナルレッスン
◎ 各種コンサルティング

また、教える対象もさまざまです。

◎ まったく知識やノウハウのない人（初級）
◎ スキルは持っているが未熟な人（中級）
◎ プロとして一線級のスキルを身につけたい人（上級）

対象者別に講座やスクール・塾を企画することもできます。

以下は、わたしのコンテンツにおける対象者別サービス例です。

◎ 講座「論理的なビジネス文章・メールの書き方」
→ ビジネスパーソン
◎ 講座「インターネットで起業・副業するための文章の書き方」
→ 起業・副業志望者
◎ 講座「自分史を書こう」
→ シニア
◎ 講座「ES（エントリーシート）の書き方」
→ 就活生
◎ 講座「夏休みの読書感想文の書き方」
→ 小学生
◎ 講座「人の興味を引くキャッチコピー講座」
→ ビジネスオーナー
◎ スクール・塾「ビジネスライティング塾」
→ ビジネスパーソン
◎ スクール・塾「営業メール塾」
→ 営業マンや経営者
◎ スクール・塾「SNS 情報発信スクール」
→ SNS の情報発信力を磨きたい人
◎ スクール・塾「フリーライター養成スクール」
→ フリーライターを目指す人

もちろん、すべてのライターが、このコンテンツでサービス提供できるわけではありません。大事なのは、そのライターの「強み」

や「得意」を活かせているか、です。

セールスライティングが得意なライターであれば、商品やサービスを売りたい人向けに「セールス文章塾」を開校することもできるでしょう。マニュアルなどを書くテクニカルライターであれば「誤解されない説明文章の書き方講座」、インタビュー経験が豊富な人であれば「相手がどんどんしゃべり出す話の聞き方講座」を提供することもできそうです。

フリーのシナリオライターや構成作家であれば、それぞれ卵たちに向けて、養成講座を開いてもいいでしょう。もちろん、プロのフリーライターとして実績があれば、そのほとんどが「フリーライターに学ぶ文章の書き方」や「プロのライターになって月20万円稼ぐ方法」などの講座を開く資格があります。

職種の違いはあれ、あなたの専門分野でも似たようなサービスが提供できるのではないでしょうか。

近年では教えたい人と学びたい人をマッチングする「ストアカ」を筆頭に、自分の講座を開くことができるプラットフォームも人気を博しています。集客にまだ自信がない人は、手始めにこういうサービスを利用してみてもいいでしょう。集客力があるプラットフォームを選ぶことで、「教える仕事」に集中しやすくなります。

もちろん、手数料がかかり、制約もありますが、「教える仕事」の第一歩を踏み出すにはうってつけです。場数を踏むことで「教える経験値」が貯まっていきます。

また、講座を開くことによって、その講座にニーズがあるか否かを知ることができます。マーケティング・リサーチと割り切って使うのもいいでしょう。

さらに、**「教える仕事」で実績を積んでいくと**（その様子をSNSや公式サイトで情報発信していくと）、**企業から社員向け研修のオファーが入ることもあります。**個人向けのカリキュラムを企業向けにアレンジすることによって、「教える仕事」の可能性がますます広がります。

教えることが好きで、なおかつ企業研修にマッチするコンテンツがあるようなら、講師専用のエージェントに登録するのもひとつの手です。あなたの研修プログラムとあなたを企業に売り込んでくれます。

講師料はまちまちですが、2～3時間の研修の場合、零細企業で5万円～、中堅企業で10万円～、大企業で15万円～が相場です。町の商工会議所などの場合は3～5万円が相場です。どこまで講師業にコミットするかにもよりますが、同じプログラムで企業を渡り歩けるとしたら、コストパフォーマンスは悪くありません。

近年では事前に研修を収録する「動画研修」や、リアルタイム配信で行う「リモート研修」も増えています。

ちなみに、交通費や宿泊費などの経費は、企業側が持ってくれるケースがほとんどです。一方、Wi-Fiやソフトを含むインターネット周りの環境整備費用は、「自分持ち」となります。配布物（テキストやワーク用紙など）がある場合は、事前にデータを送り、企業側で印刷してもらうケースがほとんどです。

35　「コンサルティング」とその奥の「プレミアムサービス」を提供する

NEW フリーランスがイニシャルコスト（初期費用）や、ランニングコスト（維持費用）をかけずに提供できるのが「コンサルティング」です。講座やスクール（塾）同様、サービスの軸になり得るメニューです。

コンサルティングとは誰かの相談に乗って、その人の課題（悩み）解決をすることです。

◎ 文章コンサルティング
　→ 文章の書き方の困りごとを解決する

この「困りごと」は、もう少し細分化してもいいでしょう。

◎ 昇進・昇格論文の書き方コンサルティング
◎ SNS ビジネス活用コンサルティング
◎ 商品販売ページの書き方コンサルティング
◎ 営業メールの書き方コンサルティング
◎ 企画書・提案書の書き方コンサルティング
◎ 初心者ライターのための稼ぎ方コンサルティング

どうしてもスポット（単発）で解決できないときは、3 カ月、半年、1 年など、長期契約のコンサルティングへと案内してあげましょう。

さらに、コンサルティングを受けた人には、（ケースに応じて）その奥にある**「プレミアムサービス」を提供することもできます。**以下はライターの「プレミアムサービス」の一例です。

◎ 文章力強化パーソナルトレーニング
→ マンツーマンでくり返し作文の添削を行う
◎ ホームページ文章の執筆サービス
→ ホームページの文章を書く
◎ プロフィール文章の執筆サービス
→ その人の代わりにプロフィールを書く
◎ セールス文章の執筆サービス
→ 商品やサービスを売る文章を書く
◎ メルマガ文章の執筆サービス
→ メルマガの文面を作成する

NEW フリーランスにとって、この「プレミアムサービス」は、自身の専門性とスキルを存分に発揮する機会です（プレイヤーとして取り組むケースが多い）。公式サイトなどにも載せない「裏メニュー」のようなものです。したがって、価格は最高値に設定しておきましょう。あなたの市場価値をわかっている人だけが申し込める特別枠です。

もっとも、サービスの内容次第では、あなたが信頼するほかのフリーランスや後進に外注する仕組みを用意しておいてもいいでしょう。あらかじめ、自分が「出る幕」と「出ない幕」のすみ分けを明確にしておきましょう。

36 「ダウンロード系サービス」を提供する

昨今、デバイスやアプリ、それに、音声や動画配信プラットフォームの充実により動画や音声で学ぼうという人が増えてきています。

そんな時代性も考慮したうえで、**NEW フリーランスには、音声教材や動画教材をはじめとする「ダウンロード系サービス」の販売もおすすめします。**

一度コンテンツを作成したら、あとは、インターネット上（公式サイトや専用のプラットフォーム）に置いておくだけ。「勝手に稼いでくれるサービス」とも言えます。

ブログに書き溜めた記事を使って音声や動画を撮影してもいいでしょう。すでにセミナーや講座でアウトプットしているものであれば、なおのこと音声や動画にまとめやすいでしょう。もちろん、セミナーや講座をそのまま録画販売する方法もあります。

【山口拓朗のダウンロード系サービスの一例】

◎ 音声教材

「『売れない』が『売れる』に変わるセールスライティング」

◎ 動画教材

「仕事が舞い込むプロフィール・人気を呼ぶ文章の書き方講座」

◎ テキスト教材

「ダメな文章を達人の文章にする 31 の方法」

テーマごとに複数の教材を取り揃えておけば、その分、収入は増えやすくなります。

また、コンテンツにボリュームがあるときは全5回、全10回などのパッケージにし、セット購入（価格例：4万8000円／10本）と単発購入（5800円／1本）のどちらも選べるようにしておくといいでしょう。

「難しそう」と感じる人もいるかもしれませんが、録音・撮影はICレコーダーやスマートフォンがあれば十分。編集ソフト（アプリ）の技術も向上しているため、少し勉強すれば個人でも、録音・撮影から編集までセルフで行うことができます。

CDやDVDを用意してもいいですが、今なら「WordPress」や「ペライチ」などのホームページ作成ソフトでつくったサイト上に動画を貼ったうえ、ストリーミング配信する方法もあります（パスワードで管理します）。何回でも何十回でも見直せるメリットは購入者にとって価値と言えるでしょう。

「腕試し」も兼ねて、音声配信や動画配信のプラットフォームを使ってもいいでしょう（※）。

動画配信なら「YouTube」や「Vimeo（ヴィメオ）」「Facebook」「Instagram」「LINE LIVE」、音声配信であれば、「ポッドキャスト」「Voicy（ボイシー）」「Himalaya（ヒマラヤ）」などがおすすめです。

※プラットフォームごとに課金の有無や審査の有無があります。

37 「テキストコンテンツ」を提供する

SNS上で書く文章のほとんどが「無償での情報発信」です。しかし、テキストを売る方法がないわけではありません。

① テキストをまとめてPDF販売する
② noteで課金する
③ 電子書籍を販売する
④ 有料メルマガを配信する
⑤ 雑誌・ウェブメディアへの原稿寄稿

① テキストをまとめてPDF販売する

自身の専門性に根ざしたノウハウなどであれば、自身の公式サイトや「infotop」などのプラットフォームでダウンロード販売してもいいでしょう。

注意すべきは、詐欺まがいな高額情報商材に批判が集まっている点です。妙な評判が立てばブランドを毀損しかねません。内容はもちろん、パッケージ（タイトルを含む）やセールス文章の書き方、価格設定などに十分注意しましょう。

② noteで課金する

「note」は文章や写真、映像などを手軽に投稿できるメディアです。最大の特徴は、決済機能が付いており、記事を販売できる点にあります。濃いノウハウや新鮮な情報、興味を引く情報であれば、たまたま記事にアクセスしてきた人が購入してくれることもあります。

また、noteには、気に入った書き手を金銭的に応援（サポート）できる「クリエイターサポート機能」もあります。

記事の購入者数やサポートを受けた数、「スキ」（＝いいね）の数をチェックすることで、読者（市場）ニーズが見えてきます。それと同時に、反応率の高い記事を書く筆力も磨かれていきます。

「リスト（メールアドレス）を多数保有している」「SNSでアクティブなフォロワーがいる」などの要素が加わると、記事購入率やサポート率が高まりやすくなります。

③ 電子書籍を販売する

AmazonのKindleダイレクト・パブリッシングを使えば、自身のコンテンツを電子書籍化して販売することができます。販売者は販売額の最大70%の報酬をもらうことができます。商業出版では出しにくいニッチなテーマやマニアなテーマに適しています。

ただし、Amazonにアップロードしたからといって自動的に売れるわけではありません。SNSのフォロワーやリスト（メールアドレス）を増やしておき、継続的に（販売ページのURLを添えて）アナウンスしていく必要があります。

編集者や校閲者が細かく内容をチェックする商業出版物と違い、「電子書籍＝質が低い」という傾向が否めません。低質な電子書籍を出してブランドを損なわないよう注意しましょう。

例外として、すでに売れている商業出版物の電子書籍化は前向きに検討すべきです。出版社名が信用を担保していることに加え、紙の本との相乗効果で売れていくこともあります。わたしの本もすでに10冊以上が電子書籍化されており、毎年、不労所得として、それなりの額が銀行口座に振り込まれてきます。

④ 有料メルマガを配信する

ファンと見込み客を増やす方策として「無料メルマガ」の発行はおすすめです。メルマガとは「アドレス登録した人に対して情報を直接送ることができるメディア」のことで、ファンの育成効果が期待できます。読者と強い信頼関係を築くことができるため、サービスの案内にも適しています（SNS系のメディアに比べて反応率が高めです）。

一方、無料メルマガ読者との関係性が築けたタイミングで「有料メルマガ」を用意する方法もあります。情報が氾濫している社会では、「本当に信頼できる人から信用できる情報を得たい」というニーズが小さくありません。そのニーズに有料メルマガが合致します。

もちろん、配信内容は、無料メルマガとは一線を画す「有益性・希少性の高い情報」である必要があります。あなただから提供できる「高鮮度」で「高密度」なコンテンツを用意しましょう。

読者向けのオフ会やイベントなどを企画することによって、有料メルマガをコミュニティへと昇華させることもできます。無料では得難いプレミアム感を醸成しましょう。

なお、メルマガを配信するときは、リスト（メールアドレス）がもらえずメール開封率などの効果測定もできない「メルマガ代行配信サービス（例：まぐまぐ！）」よりも、リストをもらえて効果測定もしやすい「メール配信システム（例：WiLL Mail）」の利用をおすすめします。

⑤ 雑誌・ウェブメディアへの原稿寄稿

あなたの専門性や強みを活かして「雑誌やウェブメディアで署名記事」を書きましょう。

メディアから執筆依頼を受けるのがベストですが、最近は専門的な書き手を公募しているケースも少なくありません。また、公募していない場合も、お問い合わせフォームなどがあれば、執筆希望のメールを送ってみましょう。「メディアにとってメリットあり」と判断されれば書かせてもらえるはずです。そのメディアにマッチした記事サンプルを併せて送ることで採用確率が高まります。

原稿料の相場は有名媒体で１～３万円、無名媒体では数千円というケースもあります。

知名度の高いメディアや、自身の専門性にマッチするメディアで執筆することでプロフィール（実績）に厚みが出て、ブランディング効果が得られます。記事が掲載されたら、自身のSNSで拡散するほか、すかさずプロフィール欄に媒体名を載せましょう。

◆出版する

自分の本を出すことでNEWフリーランスのブランディングが一気に加速します。

日本では出版物の信頼性が極めて高く、プロフィールに掲載しておくだけで権威性をアピールできます。請負仕事の場合も、著作の有無で報酬額に差がつくことがあります。

わたし自身も「本を出されたので、山口さんのギャラをアップしますね」と原稿料がアップしたことがあります。出版して以降、わたしの市場価値は確実に高まりました。

自身のサービスを販売するときも、本を出していることによって、「信頼感」や「安心感」を抱いてもらいやすくなります。

もちろん、出版するということは、本を通じて、あなたが情熱を持って育んできたコンテンツを世に広められる大きなチャンスです。ふつうに暮らしていれば出会うことのない人が、書店でその本を偶然に見つけて手にすることもあります。本の中身に感銘を受けた人から熱いファンメールが届くこともあります。

本を出して誰かの人生に好影響を与える。これは出版というビジネスが内包するひとつのロマンです。

本の中身に満足·感動した人が「著者名で検索 → SNS をフォロー＆メルマガ登録 → コミュニティに参加＆サービスを購入」というケースも少なくありません。

「本を出す」というとハードルが高く感じられるかもしれませんが、出版について正しく学び、必要なアプローチをかけることによって実現可能性は格段に高まります。

実は、情報発信の一環として専門的な（有益性の高い）ブログを書き続けている人は、すでに「本を出す」というゴールに向けて歩みを進めている人とも言えます。

仮に、ひとつのテーマで 100 ～ 200 記事のブログを書いたとしましょう。そこにはもう、1 冊分のコンテンツが蓄積されている状態です。アクセスも集まっているようであれば、なおのこと出版社にプレゼンテーション（本の企画提案）しやすくなります。もちろん、ブログ記事とは別に「仕事面での実績が十分」であることが大前提ではありますが。

なお、出版をするなら、著者が1円も持ち出さない商業出版をおすすめします。商業出版は出版社が著者に約300万円を投資して、読者から投資を回収するビジネスモデルです。売れなければ出版社は赤字になります。したがって、いい本（売れる本）をつくるために全力を尽くしてくれます。

一方、自費出版（著者の完全持ち出し）や共同出版（著者と出版社がそれぞれ持ち出す）の場合、出版社が赤字のリスクを避けている分、商品としての質が下がりがちです。出版社の販売モチベーションも低い傾向にあります。低質な本を出すことは、読者と著者の双方にとって不幸なことです。自身のブランドも落としかねません。出版社から営業があったときは、十分に注意しましょう。

◆コンテンツは賢く二次利用しよう

コンテンツの中には、二度、三度と利用できるものが少なくありません。

例えば、わたしがブログに「セールス文章の書き方」の記事を書いたとしましょう。この時点では何の収益も得られていません（「信用貯金」は貯まります）。

このときに検討すべきがコンテンツの二次利用です。「この記事を活かしたサービス提供はできないかな？」と考えるのです。以下はサービス提供の一例です。

◎「セールス文章の書き方」の音声配信
◎「セールス文章の書き方」の動画講座
◎ 企業の宣伝・販売部での「セールス文章の書き方」の研修
◎「セールス文章の書き方」の書籍（紙と電子）
◎「セールス文章の書き方」の記事を note で有料販売

これらは、それぞれ異なる販売チャンネルです。**コンテンツに加工やアレンジを加えながら二次利用することによって収益効率が高まります。**

加工やアレンジというのは、言い方を変えると「アップデート」です。情報発信やサービス提供の形でくり返しアウトプットするうちにコンテンツが熟成されていき、やがて唯一無二のコンテンツへと昇華されていくこともあります。

安易な「コピペ」や「焼き直し」で終わらせない意識を持ちましょう。「また同じか」と思われた瞬間に、ファンやお客様が離れていってしまいます。

38 「行動するタイミング」を教える

「いつ」「どのように」動けばいいのかがよくわからないという人（見込み客）は意外と多いものです。サービス提供者は、彼ら彼女らに、どのタイミングで、どういうアクションを取ることができるのか、その選択肢を示してあげましょう。

例えば、フリーのFP（ファイナンシャルプランナー）がいたとしましょう。多くの人は、どういうときにFPに相談したらいいかがわかりません。したがって、FPは自ら発信・アナウンスをする必要があるのです。

次のような悩みをお持ちの方は、気軽にご相談ください
◎ 毎月の家計がキツキツで苦しいとき
◎ どうしたら住宅ローンが組めるかわからないとき
◎ 節税の仕方がわからないとき
◎ 突発的に大きな出費をしなければならなくなったとき
◎ 将来の目標のために貯蓄したいとき
◎ 自分に合った投資をしたいとき
◎ 生命保険を見直したいとき
◎ 老後に安心して暮らせるよう対策しておきたいとき

このようなアナウンスがあれば、該当する人は安心して相談することができます。

いつでも撮影のご相談を受け付けています。

こういう漠然とした書き方では、お客様は行動できません。**アナウンスするときは「自分ごと」として受け止めてもらえるくらい具体的な表現を心がけましょう。**以下は、一例です。

◎「家の中を片付けしよう！」と思ったときはご相談ください
◎「会社（商品）のマスコットキャラクターをつくりたい」と思ったときはご相談ください
◎「ホームページをリニューアルしよう」と思ったときはご相談ください
◎「結婚式までに痩せたい」というときにご相談ください
◎「事件や事故から立ち直れない」ときにご相談ください

行動を促す会話や文章に求められるのは、ターゲット（見込み客）に対して「今がまさにそのときですよ」と背中を押してあげる言葉です。その言葉に触れたターゲットが「自分のことだ！」「今このタイミングでいいのか！」と自覚するようなら及第点。行動に移る（＝相談してくる）可能性が高まります。

たとえ、今すぐそのサービスが必要のない人であっても、必要に迫られたときに、その言葉をパッと思い出してくれたら、問い合わせをしてくる可能性が高まります。抽象的な言葉ほど記憶に残りにくく、具体的な言葉ほど記憶に残りやすい。そう心得ておきましょう。

39　競合をリサーチする

飲料水メーカーが新しい缶コーヒーを開発するときであれば、今、市場にどんな缶コーヒーがあるのか、そして、どんな缶コーヒーが売れているのかを、必ず調査するはずです。新規性や独自性を打ち出しながらも、市場のニーズ（潜在的なものも含め）を満たす商品を開発しようとするでしょう。

NEW フリーランスに求められるのも、これと同じ考え方です。**何かサービスを開発するときには競合リサーチをする必要があります。**手はじめに行うべきはインターネットを使った競合検索です。

① サービス名
② サービス提供期間
③ コンセプト
④ サービス提供形式
⑤ 顧客ターゲット
⑥ サービス提供物
⑦ 選ばれる理由
⑧ 価格

競合リサーチの結果を表にまとめ、市場の状況を見極めたうえで、また自身の「ウリ」や「差別化ポイント」を明確にしたうえで、サービスメニューのコンセプトや内容を決めていきましょう。

競合リサーチは、最初は広めに10～20サービスを見ていき、ある程度サービスの方向性が決まった段階で、こんどは類似性の高いものに絞って3～5サービスを見ていきましょう。

文章系スクールの競合リサーチ（例）

	競合A	競合B	競合C	……
サービス名	3カ月で書ける文章力強化塾	売上を伸ばしたい起業家＆フリーランスのための情報発信塾	半生の歩みを記す自分史づくり講座	
サービス提供期間	3カ月	4カ月	3カ月	
コンセプト	テンプレートがあればどんな人でも書けるようになる	情報発信を強化して起業家の売上を倍増させる	自分の半生を100ページの本に綴じよう	
サービス提供形式	月2回のオンラインセミナー	月1回のセミナー（動画配信あり） 月1回のオンラインコンサル	毎週1回のリアルワークショップ	
顧客ターゲット	文章力を伸ばしたい人（やや不明瞭）	売上が低迷中の起業家やフリーランス	60歳以上のシニア	
サービス提供物	オンラインセミナー テキスト（PDF）	オンラインセミナー オンラインコンサル テキスト（PDF） 音声コンテンツ（週刊）	ワークショップ 自分史（サンプル） テキスト（冊子） 自分史製本※オプション	
選ばれる理由	テンプレートの種類が豊富＆精度が高い	結果にコミットするプログラム 卒業生の実績が豊富	少人数制（最大6名） 実際に手を動かしながら自分史を書き上げられる	
価格	9万8000円	29万9000円	3万9000円 自分史製本（オプション）9万8000円	

40 「教える仕事」は「魚を与える」と「釣り方を教える」のどっち？

「教える仕事」がNEWフリーランスが提供するサービスの本丸であることは前述したとおりです。

請負仕事の基本は「自分がやる」ですが、「教える仕事」の基本は「お客様にやってもらう」です。

「魚を与えるのではなく、魚の釣り方を教えよ」という格言があります。

言い得て妙。教育の真髄を言い表す言葉ではないでしょうか。

話し方、メイク、プログラミング、デザイン、投資、翻訳、経営——何について学ぶにせよ、「教える仕事」では、こちらが手取り足取り教えることが大事なわけではありません。それは魚を与えている状態であり、お客様の未来のメリットになりません。

一方、「教える仕事」の主人公は「お客様」です。お客様自身の力で目指すゴールに到達してもらうことが肝心です。

釣り方を教えることができれば、そのお客様は、一生、魚を釣り続けることができます。**刹那的な結果ではなく、長期でメリットを受け取ってもらうことができれば、そのサービスの価値は何倍、何十倍にも跳ね上がります。**

もちろん、そういう〈結果が出るサービス／リターンの大きなサービス〉には強気の価格設定をすることができます。

価値を感じてもらうためには、お客様に「長期でメリットを得られる旨」を伝えたうえで、そのゴールまでの道筋で行われるサポートに魅力と信頼を感じてもらう必要があります。

以下は、お客様に伝えるときのポイントです（アナウンサー養成講座を例にあげています）。

◎ 現状の課題・問題点を明確にする

→ アナウンサーは「声や滑舌がいいだけ」でなれるものではありません。細かいアナウンススキルはもちろん、人前で話すマインドや、客観性、常識力、マナー、所作などを身につける必要があります。

◎「魚の釣り方」を覚えることがお客様にとって最大のメリットであることを理解してもらう

→ このアナウンサー養成講座は、仕事先を斡旋するところではありません。生涯にわたって仕事のオファーをもらえるアナウンススキルを身につけていただきます。

◎ お客様自身が主人公であることを伝える

→ 受け身の姿勢では、スキルは磨かれていきません。主体的に学び、貪欲に「実践→改善」をくり返すことによって「アナウンスの筋肉」が着実についていきます。

◎ お客様が到達するゴールを明確にする（ワクワクしてもらう）

→ 修了時には、プロとして通用する「ニュース読み」「司会進行」「インタビュー」「リポート」「ナレーション」の基本が身についています。

◎ **お客様自身に「ゴールに到達します！」とコミットさせる**

→ プロのアナウンサーになるためには粘り強さが不可欠です。あなた自身が「必ずアナウンサーになる」とコミットする必要があります。毎回、講座の最後には課題を出します。課題に取り組めない方のお申込みはご遠慮いただいています。

◎ **お客様に「ゴール達成後に待っている明るい未来」を伝える(さらにワクワクしてもらう)**

→ プロのアナウンサーになると、あなたの未来の可能性が切り拓かれます。アプローチさえ間違えなければ、あなたが望むアナウンスの仕事をすることができるでしょう。もちろん、ラジオやテレビのMC起用など活躍のステージを上げていくこともできます。

「教える仕事」を売るときに、カリキュラムの特徴や詳細ばかりを伝える人がいますが、そのやり方をしているうちは、大きな売上は見込めません。相手の感情を動かし、購入へと誘うには、ターゲットに"自分が魚を釣る主人公である"と自覚してもらうことと、未来の自分にワクワクしてもらうことが肝心。伝えるときの人称は「I(わたしが)」ではなく「YOU(あなたが)」、あるいは「WE(一緒に)」を意識しましょう。

41 魅力的なサービスメニューのつくり方

お金をいただくサービスである以上、お客様に満足してもらわなければいけません。以下は、魅力的なサービスメニューを開発するうえで欠かせない**情報の洗い出し**です（営業コンサルタントを例にあげています）。

① ターゲットは？（どういう人が必要としているサービスか）

例：売上が伸び悩む個人事業主＆営業マン

② ターゲットの課題は？（不安・不満・悩みなど）

例：訪問営業の機会激減に伴う営業成績の低下

③ その悩みに対して、あなたが提供する処方箋は？（サービスの内容の肝）

例：ゼロから始めるオンライン営業の導入セミナー

④ その処方箋によって、ターゲットが手に入れる幸せな未来は？

例：営業機会の増加／新規営業先の増加／成約率の向上／フォローのしやすさ

⑤ あなたが、そのターゲットに選ばれる理由は？

例：オンラインツールの選定から具体的な活用法、オンラインに最適化したトークスクリプトまで、個人でもできるオンライン営業の仕組みとノウハウを一式持っているこれらを洗い出したうえで、**サービスの内容を検討**していきます（「ターゲット設定」については167ページを参照）。

また、①〜⑤の洗い出しを終えたら、以下の質問にも答えてください。

(1) そのターゲットが、あなたのサービスを買わないとしたら、それはなぜですか？

例：オンラインでは商品の魅力を伝えられない、と思われている

(2) 買ってもらうには、どう修正すればいいですか？

例：むしろ、オンラインのほうが商品の魅力を伝えやすい点を強調して伝える

このように、サービスづくりの段階で、ターゲットが買わない理由をつぶしておくことも大事です。

「③あなたが提供する処方箋は？」の答えが、サービスの「大黒柱」です。この大黒柱を軸に、サービスの「コンセプト」をつくっていきます。以下は、この営業コンサルタントが「1DAYセミナー」を開発する場合のコンセプト例です。

◆ サービス（1DAYセミナー）のコンセプト

「時間」と「労力」をかけず最大の成果をあげられるオンライン営業の知識と方法を、わずか1日でインストールしてもらうコンセプトが決まったら、次に、サービスの具体的な内容（処方プロセス）を決めていきます。

◆サービス（1DAYセミナー）の内容

ステップ1：現状把握

（訪問営業の機会低下と効果低下について）

ステップ2：マインドセット

（オンライン営業の必要性＋必要な心構えや考え方）

ステップ3：オンライン営業の全体像

（全体の営業フロー）

ステップ4：オンライン営業に必要なツール

（会議ツール、テキストツール、動画ツールなど）

ステップ5：オンライン営業の実施方法

（集客／実施方法／個別商談への誘導）

ステップ6：個別商談の実施方法

（ヒヤリング方法／トークスクリプト／提案方法）

ステップ7：ＰＤＣＡの回し方

（より高い成約率を得るための改善方法）

サービス内容の大枠が決まったら、最後に「1DAYセミナー」のタイトルを考えます。タイトルをつけるときは、ターゲットに響くベネフィットを盛り込むのがセオリーです。（※）

※「ベネフィット」とは、サービスの特徴ではなく、サービス購入者が、その商品・サービスから受け取る効果や効能、利益、恩恵のこと。

◆1DAYセミナーのタイトル

1カ月後に売上を3倍に伸ばす！　ゼロから始めるオンライン営業導入1DAYセミナー

もしもインターネット上にセールスページをつくるとしたら、以下のような言葉でヘッダー画像をつくればいいでしょう。

【メインタイトル】

1カ月後に売上を3倍に伸ばす！　ゼロから始めるオンライン営業導入1DAYセミナー

【キャッチコピー1】

個人事業主と営業マンの皆さまへ。訪問営業でないと商品の魅力が伝わらない――は勘違いです。

【キャッチコピー2】

「時間」と「労力」をかけず最大の成果をあげられるオンライン営業！

あなたも「サービスメニューを開発するうえで欠かせない情報の洗い出し」→「サービスのコンセプトを決める」→「コンテンツの内容（処方プロセス）を決める」→「サービス名を決める」の順でサービスメニューを開発していきましょう。

42　価格設定のセオリー

NEW フリーランスにとって難しく感じられるのが「価格設定」かもしれません。価格設定には以下の４パターンがあります。

① 原価基準
　→ 原価を回収したうえで適切な利益が出るよう価格を決める
② 競合基準
　→ 競合のサービス価格に照らし合わせて価格を決める
③ 需要基準
　→ 消費者が「いくらなら買うか」を見て価格を決める
④ 価値基準
　→ サービス購入者が得る価値に基づいて価格を決める

優れた専門性とスキルを持つ NEW フリーランスの場合、①～④の基準を勘案しながらも、より④への意識を強めることをおすすめします。

つまり、**あなたの専門性やスキルに、競合が簡単にマネできない「希少性」「再現性」「ベネフィット（お客様が手にするメリット）」などを添加して、お客様が得る価値を高める、**ということ。満足度の高いオンリーワンのサービスを考案することによって、高値をつけやすくなります。

高値をつけるメリットは利益率を高める以外にもあります。

理由① 質のいいお客様がくる

安いサービスの場合、お客様の質が下がる傾向にあります。なぜなら、サービス自体に興味はなく、「安さ」だけを理由に買う人が一定数出てくるからです。ヨガのレッスンであれば、たいしてヨガに興味がないため、やる気なくレッスン時間を過ごす、というような人です。こういう人に限って「つまらなかった」のようなクレームを残していくことが少なくありません。

一方で、高額を払ってでも購入する人は、払った額にふさわしい成果を持ち帰ろうとします。おそらく損をしたくないという人間心理も働くのでしょう。主体的かつ積極的にそのサービスを利用し、自ら成果をあげていきます。「成果をあげる＝高い満足度を感じる」ですので、クレームが出ることもめったにありません。

もちろん、そういう上質客を集めるためには、日頃から「貢献の投稿」で「信用貯金」を貯めていくことと、言葉（文章や話）でサービスの価値をしっかり伝えていく必要があります。

理由② サービスの質が高まる

高値ながらも長く売れ続けているサービスには“ある共通点”があります。その共通点とは「頻繁にサービス内容をアップデートしている」というもの。時代の流れやお客様のニーズにサービス内容を最適化・最善化し続けることによって、高い満足度をキープし続けているのです。

「アップデートし続けるサービス＝競争力の高いサービス」とも

言えます。高値をつけることは､｢サービスの質を高め続けていく！｣という、NEW フリーランスの覚悟の裏返しでもあるのです

理由③「値上げ」は難し。「値下げ」は易し

値上げをするのは簡単ではありません。納得してもらうためには、それなりの理由が必要ですし、値上げした瞬間に去っていく人もいるでしょう。もちろん、何度もできないのが「値上げ」です。

一方、「値下げ」のときに文句を言う人はほとんどいません。定価を高値にしておくことで「期間限定」や「人数限定」など条件付きの値下げを行い、集客・成約効果を高めることもできます。

理由④ 高い価格＝高いブランドの証明

NEW フリーランスの場合、「価格」は、取りも直さず、その人の市場価値とイコールです。勇気を出して設定した価格によって自分自身が引き上げられていくこともよくあります。これもまたブランディング戦略のひとつです。

残念なのは、専門性やスキルが高く、サービス内容もすばらしいにもかかわらず、それが価格に反映されていないケースです。そのような及び腰の価格設定では、なかなかブランドも高まっていきません。市場価値を自ら低めてしまっている人は注意が必要です。

43 「無料提供」と「有料提供」の境界線を明確にする

NEWフリーランスが情報提供するときは「無料」と「有料」の境界線を明確にしておく必要があります。

SNSでの情報発信は基本的に無料で行うものです。ターゲットに向けて、あなたの専門性やスキル、実力、実績、コンテンツの中身と質、人間性などを伝える重要な役割を果たしています。「貢献の投稿」をし続けることによって、引き出し可能な「信用貯金」を貯めていくことができます。

一方で、「ここから先は有料です」という線引きをしておくことも重要です。この**線引きがないと、SNSのメッセンジャーでどんどん質問や相談が寄せられ……それらに無料で答え……疲弊してしまう、というようなことが起きかねません。**

無料と有料の境を明確にする方法が、「有料サービスメニューの価格表公開」です。

【有料サービスメニューの価格表の一例】

◎ コンサルティング（相談）：1万5000円／60分

◎ セミナー登壇（既存プログラム）：5万円／120分

◎ セミナー登壇（カスタムプログラム）：10万円〜／120分

◎ ホームページ診断：5万円（メイン10ページ以内）
◎ エグゼクティブコーチング
　個人事業主：15万円／月額
　経営者（従業員10名未満）：20万円／月額
　経営者（従業員10名以上）：30万円／月額

ウェブ上に有料サービスメニューを公開しておけば、そのページのURLをそのまま相手に送ることができます（PDF化したメニュー表を送ってもOK）。この方法であればスマートに有料サービスへ誘導することができます。

なお、職種やサービス形態によっては、サービスの入り口として「無料相談」を設けたい人もいるかもしれません。その場合も「無料相談を受け付けています」のような形で明記しておくことが大事です。

NEWフリーランスにとって「黙して語らず」は害悪です。必要としている人にサービスを届けるためには、その人たちが「知らないこと」や「わからないこと」を粘り強く伝え続けていくことが大切です。

有料サービスメニュー、価格表を公開しておくことによって、問い合わせや申し込みの確率が高まりやすくなります。

44 「モニター」や「小さなセミナー」からはじめる

◆「モニター提供」で腕試し

はじめてサービス提供するNEWフリーランスであれば「価格をいくらにしたらいいのかわからない」「いきなりサービス提供するのは不安がある」と思うのも当然でしょう。そこでおすすめしたいのがモニター提供です。

【モニター例】

◎ 似顔絵イラスト作成：1000円（1点）

◎ YouTubeの動画編集＆サムネイル制作:1000円（動画5分まで）

◎ ファッション診断＆パーソナルカラー診断：2000円（1時間）

◎ アンケートの集計代行：2000円～（1案件）

◎ 住宅ローン事前審査診断：1000円

◎ マーケティング戦略の提案：3000円（1時間）

◎ iOS／Androidアプリ制作提案：3000円（1時間）

○○コンサル、○○セッション、○○トレーニング、○○リサーチ、○○分析……など、自分が提供するサービスが世の中で受け入れられるものなのか？　果たしていくらで提供できるのか？　といったリサーチを兼ねて、格安価格でモニターになってもらいましょう。

SNSで「モニターを募っている旨」のアナウンスをするほか、知人や友人に声をかけてもいいでしょう。

モニターになってくれた人には、「忌憚のない意見を聞きたい旨」を伝えたうえで、アンケートに協力してもらいましょう。

サービスの「良かった点」「満足した点」だけでなく、「物足りなかった点」「不満に感じた点」「改善したほうがいい点」についても、フィードバックを受けることが大切です。

また、「いくらだったら、このサービスを買いますか？」のような項目を設けて、適正価格についても意見をもらいましょう。本格的なリリース前にサービスの穴をつぶし、内容をブラッシュアップさせることが重要です。

第三者による客観的な意見は〈宝物〉です。

◆「プレセミナー・講座」で腕試し

セミナーや講座を提供したい人は、格安価格でプレセミナー・講座を開催しましょう。

最初は緊張するかもしれませんが、**人前で話すことは「慣れが9割」です。**小規模なプレセミナーを10回もこなせば、必ず自信を手にすることができます。「人前で話せる」という武器を手に入れるだけで、NEWフリーランスとしての可能性が一気に広がります。

また、整理が行き届いていないコンテンツも、5回、10回とプレセミナーを重ねるうちに磨かれていきます。コンテンツが固まれば、自信にもつながるでしょう。

【プレセミナー・講座例】

◎ ウェブコピーライター養成セミナー：1000円（90分）

◎ 講師のための話し方講座：1000円（90分）

◎ 個人事業主向け・会計の基本セミナー：1000円（90分）

◎ インスタ映えするスマホカメラ講座：1500円（2時間）

◎ はじめてのイラスト作成講座：1500円（2時間）

◎ 女性起業家のためのファッション講座：1500円（2時間）

「セミナー」や「講座」という言葉が重たく感じるようなら「○○勉強会」や「○○お茶会」「○○シェア会」のような名目でもOKです。重要なのは「教える仕事」の経験を積むことと、見込み客のニーズを把握することです。Zoomなどを使ってオンライン開催をしてもいいでしょう。

モニター募集同様、集客はSNSを活用します。普段行っている「貢献の投稿」の合間合間にセミナー開催の告知をすることで、あなたのフォロワーが関心を寄せてくれます。

また、集客ポータルサイト「こくちーず」をはじめ、手軽にイベントやセミナーの告知・案内ができるプラットフォームを併用するのもいいでしょう。見ず知らずの人があなたのセミナーに興味を持ち、申し込んでくることもあります。もちろん、友人知人に声をかけてもOKです。その場合は、セミナーの内容に関心のありそうな人に絞って声をかけましょう。

NEWフリーランスにはもともと専門性とスキルがあります。どうしても「教える仕事」が肌に合わないと思うなら「請負仕事」1本に絞る道も残されています。自己採点を甘めに設定して、あせらず階段を一段ずつ登っていきましょう。

◆モニターやプレセミナーの効果を最大化しよう

モニターにせよ、プレセミナーにせよ、それを行うことで「実績が得られる」点も忘れてはいけません。ブランディングするうえで「実績」くらい大事なものはありません。いえ、個人がブランディングするというケースにおいては「実績＝ブランド」と言っても過言ではないのです。

誤解している人もいるようですが、ブランディングに「一足飛び」はありません。飛び道具はどこにも存在しないのです。目の前の階段を一段また一段と登っていくことでしか自分の市場価値を高めることはできません。とりわけ**モニターやプレセミナーは、サービス提供者としての「実績」の第一歩です。**

なお、モニターやセミナー参加者の中で大満足してくれた人がいた場合は、「お客様の声」をもらえないか聞いてみましょう。SNSや公式サイトの「サービス案内ページ」に文章や動画で「お客様の声」を載せることによって、より多くの人に興味や関心を持ってもらいやすくなります。

透明性が高い時代につき、お客様の声は「顔出し＆実名」が理想です（最低でも実名は必須）。イニシャルや仮名、匿名ではかえって怪しい印象を与えてしまいます（実名が出せない一部のサービスは除きます）。もちろん、お客様の声をいただくときは本人の承諾が必要です。中には、「お客様の声」には出たくない人もいます。無理強いをしないよう注意しましょう。

45 「先生」と認められると「売り込み」がいらなくなる？

NEW フリーランスの中には「サービスを売り込むのは苦手です」という人もいるかもしれません。しかし、このことをあまり心配する必要はありません。なぜなら、**セールスを極力不要にすることがパーソナルブランディングの戦略だからです。**

自分のセミナーや講座を提供すると、あなたが好むと好まざるとにかかわらず、周囲の人があなたを「先生」として認知するようになります。この傾向はNEW フリーランスが自分の市場価値を高めるうえでの追い風となります。

あなたは教える立場の人で、参加者は教えを請う立場の人です。中にはあなたに尊敬の念を抱く人もいるでしょう。これは「営業マン」と「お客様」ではなかなかつくることのできない関係性です。

商品説明会であれば、参加者は多少なりとも「もしかしたら売り込まれるかもしれない」という「警戒心」を持っています。警戒する相手に話をするのは難しいものです。

一方、○○を学びに来ている生徒の場合、持っているのは「警戒心」ではなく「勉強意欲」「向上心」「期待」などです。もちろん、あなたも必要以上に売り込む必要はありません。あなたのサービスがその人（生徒）の悩み解決につながること、そして、悩み解決の先にすばらしい未来が待っていることだけを伝えればいいのです。

46 「フロントエンド」から「バックエンド」へ

回数を重ねたモニターやプレセミナーは、そのまま自身の「フロントエンド」としてサービスリリースすることができます。

「フロントエンド」とは「見込み客に対して最初に提供する商品やサービス」のこと。あなたのサービスを知ってもらうための「入り口」のようなものです。

「入り口」ですので、気軽に参加できる価格に設定しておきます(モニターやプレセミナーの2〜3倍が目安)。お客様がフロントエンドに価値を感じれば、その先にある「プレミアムサービス」や「バックエンド」を購入する確率が高まりますが、価値を感じなければ、その先のサービス購入確率は下がります。

一方、**「バックエンド」とは、「フロントエンド」を提供した先に販売する商品やサービスのことを言います。**フロントエンドに強い興味や関心を示した人、大きな満足感や納得感を得た人がバックエンドを購入します。

新規顧客の獲得を目的とするフロントエンドに対し、バックエンドの目的は、収益を最大化することにあります。

ダイエットトレーナーであれば、フロントエンド（お試し）として「健康的に痩せたい人のためのグルテンフリーセミナー（3000円）」に参加いただき、その後、バックエンドの「【3カ月集中】美しくやせるダイエットプログラム（18万9000円）」を購入いただく、というような流れです。

バックエンドはあなたのサービスの真骨頂です。価格にふさわしい価値を提供し、お客様に「買って良かった」と喜んでもらうことがゴールです。高い満足度を与えられなければ、そのサービスは遅かれ早かれ売れなくなってしまうでしょう（消費者は敏感です）。

バックエンド商品に満足してくれたお客様は、次にあなたが新サービスを販売するときの“濃い見込み客”です。良質なサービスを通じて、どんどんリピーター候補を増やしていきましょう。

バックエンド構築のポイントは、自分の専門性とスキルの中にある「最もおいしいエッセンス」を抽出＆パッケージ化し、再現性の高いものに仕上げておくことです。

あなたのサービスを購入した人に確実に結果・成果を出してもらうことが、あなたのバックエンドビジネスを息の長いものにする唯一の方法です。品質を磨き上げたうえで、その内容の価値に見合った価格を設定しましょう。

なお、フロントエンド購入者をバックエンドへ誘導するときに必要なのは「セールストーク」ではなく、お客様の気持ちに寄り添う形で行う「質問」です。

次ページの６つの質問を中心に、お客様に質問していくことで（回答してもらうことで）、お客様自身にバックエンドの必要性を自覚してもらいやすくなります。質問内容については、あなたが提供するサービスに応じてアレンジしてください。

質問1：いま抱えている問題はなんですか？【問題を自覚させる】

質問2：その問題が解決されて、どんな状態になったら嬉しいですか？【理想の未来を思い描いてもらう】

質問3：ところで、これまで、その問題が解決しなかったのはなぜだと思いますか？【問題の根深さを自覚させる】

質問4：その問題を解決するためには、何をすればいいと思いますか？　※回答に応じて、バックエンドを紹介する。【バックエンド（問題解決策）の必要性を自覚させる】

質問5：本サービスの△△に取り組むことはできますか？　※回答に応じて、励ましたり安心させたりする。【お客様自身に「できます」「やります」と宣言させる】

質問6：購入するにあたって何か不安はありますか？　※回答に応じて、安心できる情報を与える。【不安を取り除く】

47 「アップセル」と「クロスセル」を活用する

「アップセル」とは、サービスの購入を検討している人や、既存のサービスの利用者に対して、より高額なサービスにシフトしてもらうことです。

対して**「クロスセル」は、サービス利用者や購入検討者にほかの商品も併せて買ってもらうことです。**

いずれの手法も、お客様1人あたりの売上単価を高めることができます。

ハンバーガーショップの店員さんが、「50円プラスしていただくとLサイズにすることもできます」と言うのがアップセルで、「ご一緒にポテトもいかがですか？」とすすめるのがクロスセルです。

もちろん、アップセルやクロスセルは、サービス提供者であるNEWフリーランスも知っておくべき販売戦略です。

とはいえ、不用意なアップセルやクロスセルは危険です。必要のないものを「押しつけられた」「売り込まれた」と思われた瞬間に、不信を招いてしまうかもしれません。

アップセルやクロスセルをするときに押さえておくべきは、以下の2点です。

◎ すでに利用してもらっているサービスに満足していること
◎ アップセルやクロスセルをすることが「その人の利益になる」と確信していること

例えば、フリーのメディアPRプロデューサーが、「メディアPR戦略プログラム（24万9000円）」を提供しているとします。マスメディアへの商品露出を増やして売上増につなげるサービスです。そのサービスを検討しているお客様に、該当商品の販売サイト制作もセットになった「VIPコース（29万9000円）」をすすめるのがアップセルで、メディアPR戦略プログラムとは別に「ヒット商品開発コンサルティング（4万8000円）」を提案するのがクロスセルです。

くり返しになりますが、NEWフリーランスにとって大事なのは、ファンや見込み客と強い関係性を築きながら、継続的に彼ら彼女らの利益になるサービスを提供すること。この一点に尽きます。「お客様の利益になる」と考える以前に「自分の利益になる」と考えているとしたら、それは大事なことを見失っている状態です。

郵便はがき

恐れ入りますが
切手を貼って
お出しください

112-0005

東京都文京区水道2-11-5

アスカ・エフ・プロダクツ行

Closer Publishing ～出版をより身近に～

48 値下げ交渉を持ちかけられたらどうする？

値下げ交渉を持ちかけられたら、どうすればいいでしょうか？

「請負仕事」と「CtoC 型サービス提供」では少し考え方が異なりますが、基本は「断る」です。

値下げ交渉をしてくるということは、そもそもサービスに価値を感じてもらえていない、という見方もできます。価値を感じていないお客様とやり取りするのは好ましい状態とは言えません。心理的なものも含めて何かとコストがかかります。

また、闇雲に値下げすることは、定価で購入してくれたお客様への「失礼」にあたります。場合によっては信用低下にもつながりかねません。

もっとも、わたしの場合、値下げ交渉に絶対に応じない、ということでもありません。とくに「請負仕事」においては、事情を考慮して受けることもあります。

代表的なものとしては、値下げに応じることで「実績になる」「新たな仕事につながりやすい」「その先に多くのお客様がいる」というようなケースです。

わたしの場合、内容にもよりますが、通常、企業研修１本につき、10 ～ 30 万円の講師料をいただいています。しかし、場合によっては、値下げに応じて研修を受けるケースもあります。

例えば、各企業の研修担当者が受講するデモセミナーへの登壇などです。デモセミナーに興味を持った複数の研修担当者から新たな研修の注文が入れば、わたしにとって十分にメリットがあります。

もちろん、値下げ交渉はクローズドの場で行うもので、それを公にすることはありません。それが定価で購入してくれた人への最低限のマナーです。

もうひとつわたしの事例をお伝えすると、子どもの教育にかかわるオファーについては、先方の予算を最大限に考慮します。「子どもの教育＝社会貢献」と考えているからです。

なお、お世話になっている友人や知人からのオファーで「この人に恩返しできるなら」「この人が喜んでくれるなら」と思うときは言い値で受けることもあります。

どんな値下げ交渉にもスムーズに対応できるよう、あなたなりの基準を用意しておくことをおすすめします。

値下げしてもいい場合

少し安くして
もらえませんか?
はい!!
お世話になったので
恩返しです!

- 将来大きなリターンが見込める
- 社会貢献
- 恩返し

49 「リモート化」が NEW フリーランスの追い風に

コロナショックをきっかけに、日本でもリモートワークが加速しました。これは自身のサービスを提供するNEWフリーランスにとって追い風です。最大のアドバンテージは、セミナーやコンサルティングをオンラインで提供しやすくなったことです。

オンラインには「商圏」がありません。北海道から沖縄まで、いえ、海外のお客様にサービス提供することもできます。長期の塾やスクールもオンラインで対応可能です。

オンラインツールにもいろいろありますが、お客様に新たなツールをインストールさせるのは得策とは言えません。手続きが「めんどうくさい」と買い控えが起きやすくなるほか、クレームの原因にもなりかねません。

今であればユーザー数が増えたビデオ会議**「Zoom」**がいいでしょう。対面のコンサルティングでも、大人数向けのセミナーでもストレスなく対応できます。

テキストのやり取りはユーザー数が多い**「LINE」**を筆頭に、チャットツールの**「Chatwork」**や**「Slack」**などがおすすめです。

そのほか、オンラインストレージサービス**「Googleドライブ」**、ワープロソフト**「Googleドキュメント」**、表計算ソフト**「Googleスプレッドシート」**、スケジュール管理アプリケーション**「Googleカレンダー」**など、Googleが提供するクラウドサービスは何かと重宝します。やり取りする情報の種類に応じて使い分けましょう。

50 「オンラインサロン」でコミュニティをつくる

NEW フリーランスにおすすめしたい「教える仕事」の最終形がコミュニティづくりです。中でも、サービス提供者とお客様の双方が幸せになれるのが「オンラインサロン」です。

「オンラインサロン」とは、専門的な知識やスキル、優れた実績や能力の持ち主が主宰者となって運営するコミュニティのこと。商品ごとにお金を支払うのではなく、一定期間の利用権として料金を支払う「サブスクリプションモデル」のひとつです。

「DMM オンラインサロン」や「CAMPFIRE」がプラットフォームとして有名ですが、「Facebook」や「LINE」「Slack」「Chatwork」などを使って運営することもできます。

主宰者のファンクラブ的なもの、濃いノウハウを提供するもの、メンバー同士がプロジェクトを遂行していくものなど、オンラインサロンにはさまざまなタイプのものがあります。多くの場合、主宰者との交流やメンバー同士の交流、サロン限定のイベントなどを楽しむことができます。

主宰者の理念や考えに賛同・共感して入ってくる人が多いため、メンバー同士の価値観が近く、学びや交流の環境をつくりやすい点も特徴です。

長期にわたってメンバーと深くかかわれるため、より満足度の高いサービスを提供することができます。また、閉じた環境下にあるため、重要情報がサロンの外部へ流出しにくいのもアドバンテージ。もちろん、定期課金制につき収入が安定することは言うまでもありません。

お客様にとっても、信頼できるサービス提供者から「特別な情報」や「特別な人脈」「特別なベネフィット」を受け取れる環境はありがたいものです。

「コミュニティづくり」と言うと、ハードルが高いと感じる人もいるかもしれませんが、決済システムが備わっているプラットフォームを使えば、入退会の手続き負担もありません。

メンバーは5～10名からスタートすれば十分。メンバーと良好な関係性を築いていくことで、新しいサービスをリリースするときにも購入してもらいやすくなります（メンバーには特別価格で提供してもいいでしょう）。

わたし自身も、現在、「山口拓朗ライティングサロン」を主宰し、大勢のメンバーと一緒にライティング力やSNSでの情報発信力に磨きをかけています。

メンバーはお客様ですが、同時に、仲間であり同志でもあります。従来のサービス提供者とお客様の関係性とは明らかに違う「絆」がそこには存在します。

「ブランディングできたらはじめようかな……」と考える人もいるかもしれませんが、ブランディングの過程であってもコミュニティをつくることは可能です。

最初はプラットフォームを使わずに、「○○勉強会」のようなネーミングで、リーズナブルな価格（月額課金など）からスタートしてもいいでしょう。「3カ月間はお試し価格でご参加いただけます」というオファーも喜ばれます。オンラインサロン版の「モニター」のような位置づけです。

コミュニティ運営においては、メンバーのニーズ把握が極めて重要です。以下のような、生きた情報を集めましょう。

メンバーが――

・どんなことに困っているか
・どんな情報を求めているか
・どんな未来を夢見ているか
・サロンに何を期待しているか
・サロンのどこに満足しているか
・サロンのどこに不満を感じているか

このようなニーズを把握しておくことで、メンバーの満足度を高めやすくなります。

「人気サロン」と「不人気サロン」の違いは明確です。前者は、メンバー同士の交流が盛んで、サロン内の環境もどんどん良くなっていきます。後者は、メンバー同士の交流が乏しく、サロン内の環境に進化や改善が見られません。

「サロン＝生き物」です。放置プレーには注意が必要です。

第4章

稼ぐための SNSの利用法

51 市場価値を高めるための パーソナルブランディング

NEW フリーランスとは、SNS で「貢献の投稿」をしながら、自分のブランドを構築し、CtoC 型サービスの提供も行う人のことを指します。**自分の市場価値を高めることで、「請負仕事」以外の収入の入り口を増やしやすくなるほか、自身の CtoC 型サービスを広めやすくなります。**

以下はブランディングするときに押さえておきたい 4 つのポイントです。

①「専門性」を土台とする

ブランドの価値の源泉はあなたの「専門性」と、それに伴う「スキル」です。

仮にあなたが映画ライターであれば、映画の知識はもとより、映画を見る眼力や映画評の筆力、映画の最新情報を仕入れるインプット力などが価値でしょう。

あるいは、全国各地を渡り歩くフリーの料理人だとしたら、料理をつくる技術はもちろん、土地土地で食材を集める技術、料理の演出力や企画の提案力などが価値でしょう。

②「人間性」を土台とする

NEW フリーランスは、プレイヤー一筋の従来型フリーランスと一線を画します。SNSを活用しながら一般消費者とじかにつながっていくため、専門性やスキルはもとより、あなた自身の人間性も問われます。この人間性には、「個性」「人格」「人柄」と呼ばれるすべてが含まれます。人間性に魅力があればあるほど、その人の市場価値は高まりやすくなります。

③ 市場ニーズを満たしている

どれだけ高い専門性やスキルがあっても市場にニーズがなければ、価値は生まれません。雨が降らない砂漠地帯で雨傘の価値がないのと同じです。

ニーズがないと判断した場合は、「サービス内容を変える」「ターゲットを変える」などの対策を講じる必要があります。あるいは、まだ顕在化していないニーズを掘り起こし、ゼロから価値を創造する方法もあります。例えば、フリーの動画編集者が「絆でつながる家族の3分アルバム動画制作」のような、世の中にあまりないCtoC型サービスをリリースする、という具合です。

④ 希少価値がある

簡単に言えばブランドとは希少価値です。服をきれいにするクリーニング店は世の中にあふれていますが（ブランド価値は低め）、どんなシミも必ず抜くことができるクリーニング店のブランド価値は高いと言えるでしょう。「このシミを抜いてくれるならいくらでも払う！」という人もいるはずです。

NEWフリーランスも「〇〇で困ったらあなたのところに行くしかない！」と思ってもらうことが重要です。

52　SNSで熱烈ファンを獲得する

長らく、一個人が自分のブランドをつくるには、「実業や特定の分野で成功する」「マスコミに（頻繁に）取り上げられる」「本を出版する」というアプローチしかありませんでした。

しかし、インターネットやSNS、それらを使うためのデバイスの充実によって、わたしたちは、個人でありながらブランドをつくることができるようになりました。

個人がブランドをつくる唯一の方法は、その人の専門性とスキルをベースに、誰かのためになる情報を発信し続けることです。情報を発信し続けることによって、「存在認知 → ファンの獲得 → 熱烈ファンの獲得」という階段を登っていくことができます。

SNSを使っているフリーランスは大勢いますが、その多くが単なる日記や雑記の投稿に終始しています。人柄は伝わるかもしれませんが、ブランディング効果は微量です。「日記」や「雑記」を書いて喜ばれるのは、芸能人やネット上のインフルエンサーなど、すでにブランドができている人に限られます。

NEWフリーランスを目指すなら、**「仕事内容」や「仕事の成果物」をわかりやすく伝える投稿に加え、自身の専門性とスキルを、誰か**（それを必要とする人）**の役に立つ形で届けていく「貢献の投稿」が不可欠です。**

前述のとおり、本書で言うブランドとは、全国的な認知度を獲得する、というレベルのものではありません。小さな市場でも、あなたの専門性と実力を認知し、あなたを必要とし、あなたのところへやってくる人がいれば、それは「ブランドがある」状態です。

ダンスの動画編集を得意とする動画エディターであれば、ダンサーやダンスの先生の間で「知られる存在」になればいいのです。

下図はパーソナルブランディング・ピラミッドです。ピラミッドの中央下に引いたラインが、まだ何も情報発信をしていない状態です。あなたが読者の役に立つ「貢献の投稿」をし続けることによって、あなたのファンが増えてブランドがつくられていきます。

パーソナルブランディング・ピラミッド

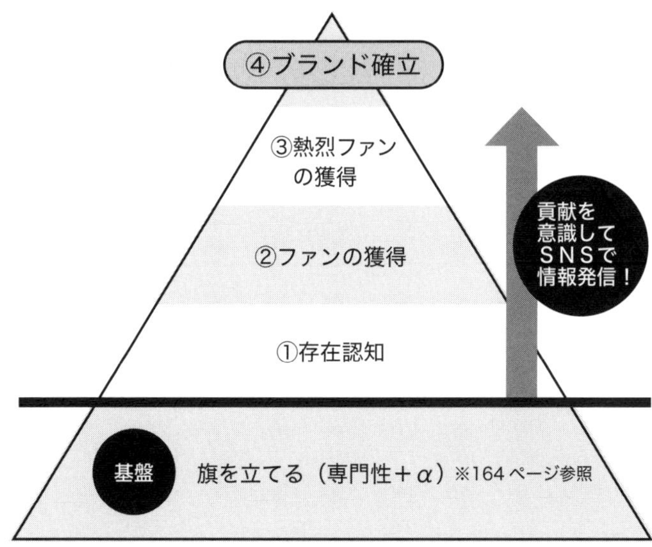

このピラミッドに、フリーのスタイリストAさんの活動を当てはめてみましょう。

Aさんは、ブログ、Facebook、Instagram、YouTubeなどを使い、おもに40代の女性起業家に「信頼される服選び&着こなし」の投稿をしていくとします。

① 存在認知

「Aさんは実績のあるフリーのスタイリストなのね」と認知する

② ファンの獲得

「Aさんのセンスはすてきだなあ」「Aさんっていいこと言うなあ」「Aさんのようになりたいなあ」と思われる。また、AさんのSNSをフォロー・読者登録・チャンネル登録・ブックマークする

③ 熱烈ファンの獲得

セミナーに参加する・コンサルティングを受ける・コミュニティに参加する……など、Aさんのサービスを購入する。このステージで出版するケースもよくある。また、マスコミから取材を受けるケースも増える。相乗効果が生まれてAさんのブランド価値がより高まる

④ ブランド確立

熱烈ファンが、その人の魅力やサービスを勝手に広めてくれる

②でファンが見せる反応は職種によっても異なります。「すてきだなあ」ではなく、「誠実だなあ」「しっかりしているなあ」「頭がいいなあ」「アイデアがスゴいなあ」「ユニークな人だなあ」のような反応をもらうことがブランド構築上、有効な人もいるでしょう。

大事なのは、あなたの市場価値を高めていくうえで、どういう反応をもらうことがベストなのか、ということです。

今は透明性の高い時代です。あまりにも自分とかけ離れた演出をすることはおすすめしません。あなたが思う「あなたらしさ」と、世の中が求めている「あなたのイメージ」。双方を両睨みしながら進むべき道を模索していきましょう。

④の状態になることでNEWフリーランスの仕事はスムーズに回りはじめます。ファン（見込み客）が自然と集まり、サービスを購入してくれる、というサイクルに入ります。

人は賑わっているところに集まるものです。その人の情報にはじめて触れた人でも「この人のところは賑わっているなあ（人気があるんだな）」と感じ、直感的にサービスを購入するような人もいます。これもまた「ブランド」のパワーと言えるでしょう。

ここ数年はわたしのサービスを購入してくれる人からも「知り合いから山口さんのセミナーを紹介されてきました」「文章を学ぶなら山口さんのところに行きなさいと言われてきました」のような言葉をもらう機会が増えました。わたしのあずかり知らぬところで、たくさんの人がわたしのことを広めてくれているのでしょう。

もちろん、**ブランドがつくられていく過程においても、誰かのためになる「貢献の投稿」をしていれば、「この人に相談したい」「この人のところで学びたい」という人は増えていきます。**中にはサービスを購入してくれる人もいるでしょう。こうして従来型フリーランスとは一線を画す収入が増えていくわけです。

53　ブランディングの屋台骨は「旗」

「記憶に残る幕の内弁当はない」。秋元康さんの言葉です。

情報発信をスタートさせたのはいいが、なかなか認知されない、ファンが増えない、というケースがあります。その原因のひとつが「旗が立っていない」というもの。つまり、印象にも記憶にも残らない「幕の内弁当」になってしまっているのです。

お蕎麦、お寿司、焼き鳥、スパゲティ、ラーメンなどのメニューを備える飲食店に「感動の味」を期待する人はあまりいないでしょう。メニューに「こだわり（専門性）」がないからです。こういうお店は認知も口コミも起きにくいもの。もちろん、熱烈ファンが生まれる予感もしません。

一方、ラーメンを食べるなら、やはり「ラーメン屋」に特化したお店のほうが期待感は高まります。もっと言えば、数種類のラーメンを出しているお店よりも、「とんこつラーメン」に絞ったお店のほうが、さらに言えば「博多っ子も黙る、秘伝の醤油とんこつラーメン」くらいに絞ったお店のほうが認知＆注目されやすいものです。

この考え方がブランディングするときにも役立ちます。

例えば、あなたのSNSのプロフィール欄の肩書きに「フリーカメラマン」と書いていたとしましょう。この肩書きでは、強い認知は生まれません。なぜなら、世の中にカメラマンと名乗る人はゴマンといるからです。「フリーカメラマン」は極めて弱い「旗」です。

考えるべきは、「自分の見せ方」です。あなたがカメラマンとして秀でている点はどこにあるのでしょう？　スナップを撮るのが得意。風景を撮るのが得意。プロフィール写真を撮るのが得意。ブツ撮り（モノの撮影）が得意——自分の武器をより際立たせて「旗」を立てる必要があります。

① 思わずヨダレが出る「おいしい料理撮影家」 ② 妊婦さんの「幸せ」を撮る誕生前祝福カメラマン

これは「旗」が際立った肩書きの一例です。①は「おいしい食の写真を撮る」ことを「旗」に掲げています。しかも「思わずヨダレが出る」です。あなたが飲食店オーナーだった場合、メニュー用の写真を①のカメラマンにお願いしたくなりませんか？

②も印象的で希少性の高い「旗」です。世の中に、赤ちゃんがいるお腹を撮影して欲しいというニーズがあるなら、この「旗」は「いい旗」です。「お腹の赤ちゃんとのつながりを写真に残そう」というキャッチコピーが似合いそうです。

フリーの弁護士はどうでしょう。単に「フリー弁護士」と名乗るよりも「交通事故加害者専門の弁護士」や「ネット誹謗中傷トラブル解決弁護士」と「旗」を立てることで認知されやすくなるでしょう。

武器を際立たせることができれば、実績ある競合と比較されたときにも、選ばれる可能性が高まります。

「旗を立てる＝弱者の戦略」として有効です。専門性を絞り込むことで技術とスキルも磨かれていきます。リピーターや口コミも発生しやすくなるでしょう。

【「旗」を立てて情報発信をする効果】
◎ 見つけてもらいやすい
◎ 認知されやすい
◎ ファンになってもらいやすい
◎ 選ばれやすい
◎ 口コミされやすい

なお、**認知とブランド構築が進んできたら、「旗」を「ニッチ」から「マス」へと広げていくことは可能です。**

わたしの場合、10年前は「売れるプロフィール作成ライター」でしたが、20冊以上の本を出した現在は「文章の専門家」と名乗っています。10年前に「文章の専門家」を名乗っても、説得力に欠けていたことでしょう。もちろん、「フリーライター」という旗では弱すぎてブランディングはできなかったはずです。

「売れるプロフィール作成ライター」という肩書きは、10年前のわたしにとって、パーソナルブランディング・ピラミッドを登るために必要なステッキ（杖）だったのです。あなたは、どんなステッキで、その山を登りますか？

ちなみに、稀に「旗」が弱くてもブランディングできてしまう人がいます。それは、圧倒的にキャラクターが立っているケースです。あなたに芸能人顔負けのキャラクターがあるなら、「旗」なしでブランディングできる可能性もゼロではありません。

54 情報発信するには ターゲットを設定する

「旗」を立てるときに考えなくてはいけないのが、自分が情報発信やサービス提供をする相手について、つまり、ターゲットです。「とにかくたくさんの人」というのは、ターゲットになりません。「不特定多数＝のっぺらぼう」だからです。「のっぺらぼう」を喜ばせる文章やサービスをつくることは誰にもできません。

仮に、あなたが、美容室に特化したフリーのコンサルタントだったとします。この場合、あなたの仕事につながる情報発信をするためには、美容室オーナーをターゲットにする必要があります。例えば、以下が一例です。

【ターゲットの例】
売上が伸び悩む、スタッフ３名以下の美容室オーナー

ターゲットを設定するときには、単に「美容室オーナー」で終わらせず、「売上が伸び悩む」や「スタッフ３名以下の」のように具体的に絞り込みましょう。

ターゲット設定ができたら、そのターゲットの理想像（理想とするモデル）をつくり上げてみてください。

これはマーケティングでいう「ペルソナ」という考え方で、理想

のお客様像を具体的に浮かび上がらせることで、情報発信やサービス提供がしやすくなります。

【ペルソナをつくるときの洗い出し（一例）】
年齢／性別／住まい／家族構成／収入／貯蓄額／仕事（業種、内容、役職など）／最終学歴／夢・目標／性格／習慣／愛読書や雑誌／好きなブランドやメーカー／１日の生活パターン（起床＆就寝時間、通勤＆勤務時間など）／食の好み／自炊派 or 外食派／悩みごとや課題／不安／不満／価値観／考え方／興味・関心があること／口ぐせ／チャレンジしたいこと／交友関係／インターネット＆ SNS 利用状況

年齢は「30 ～ 40 代」ではなく「34 歳」のように、また、住まいも「東京」ではなく「東京都港区」のように、できるだけ具体化します。美容室オーナーの場合は、洗い出す項目は「個人」ではなく「店舗オーナー」として考えていく必要があります。例えば「個人的な夢・目標」ではなく「経営面での夢・目標」という具合です。

【美容室オーナーをターゲットにした場合（一例）】
美容室の規模／美容室の場所／美容室経営歴／自身の美容師実績の有無／スタッフ美容師の実力／お客様のターゲットやボリュームゾーン／お客様が通ってくれている理由／お客様の困りごとや要望／美容室の強み・武器／美容室のコンセプト／提供しているサービスメニューと価格帯／経営面での困りごと（悩み・課題・不安・不満など）／美容室の理念／美容室の雰囲気（インテリア、ＢＧＭなど）／ホスピタリティのレベル／接客システム／経営面での夢・目標

ペルソナをつくったら、その人にふさわしい名前をつけましょう。仮にそのペルソナにつけた名前が「北田浩明さん（34歳）」だとしたら、今後、SNSでの情報発信や、サービス案内などは、常に北田さんに向けて行います。彼の役に立つネタ、喜ぶネタ、満足しそうなネタ、楽しませるネタ、感動させるネタ……を考えながら投稿していきます。情報発信の大半を「彼への貢献」として行っていきます。

すると、ペルソナに近い人たちが、興味や関心を寄せはじめ、少しずつSNSが賑わってきます。賑わっている場所にはさらに人が集まり……という具合に、好循環が生まれます。

【ターゲット】

売上が伸び悩む、スタッフ3名以下の美容室オーナー

【旗】

小さな美容室のための「バトラー（執事）式接客コンサルタント」

【キャッチコピー】

究極の「お姫さま扱い」でリピート率9割の人気美容室をつくる

小規模な美容室を救う。しかも「バトラー（執事）式接客」という、この人が得意とする武器を組み合わせることによって、ライバルと一線を画すことができます。つまり、オリジナリティがあり、なおかつターゲットにとって魅力的な「旗」が立つわけです。

「旗」を立てたうえで、明確化したターゲットに向けて貢献の投稿をし続けていく。これがNEWフリーランスの必勝法です。

55　ポジショニング戦略で際立つ！

「旗」を立てるときには、「ブランディング効果を得られやすい立ち位置」についても考える必要があります。

例えば、競合のフリーランスと類似のサービスを提供する場合、競合よりも安い価格で提供するとしたら、それは「安さ」を売りにしたポジショニングです。

しかし、NEWフリーランスには「安さ」を売りにするポジショニングは推奨しません。なぜなら、価格競争に巻き込まれてしまうからです。**NEWフリーランスにとって重要な活動指針のひとつが「自分の市場価値を高める」です。「安さ」を売りにするポジショニングでは、むしろ市場価値を低めてしまう恐れがあります。**

以下は、「安さ」以外のポジショニング戦略です。

①「専門性」のポジショニング

例えば、映画ライターが「インド映画専門ライター」や「昭和の名作映画ライター」「背筋が凍るホラー映画専門ライター」と名乗った場合、グッとライバルが減るでしょう。

突き抜けて認知度を高めていくことができれば、そのままブランディングできます。

②「ターゲット」のポジショニング

あなたがフリーの税理士だった場合、仕事を受けるクライアントを「飲食店」「美容室」「コンビニ」「パチンコ店」「1人社長」「女性経営者」「ベンチャー企業」のように絞り込んで特化できれば、独自のポジションを取ることができます。それぞれのターゲットの特性とニーズを理解しながら、その都度痒いところに手の届く情報を提供できれば、その価値は確実に高まります。

③「方法」のポジショニング

例えば、イラストレーターが「鉛筆手描きイラストレーター」と名乗った場合、とたんに周囲からライバルはいなくなるでしょう。デジタルで絵を描く人も多い中、手描きで、しかも、鉛筆だけで魅力的なイラストを描くとしたら、それは希少価値がある、つまり、うまくポジションが取れているということです。

フリーのＦＰであれば､｢紙１枚×９マスで家計を健全化するファイナンシャルプランナー」と名乗れば、唯一無二のポジションを取ることができるでしょう。

④「提供する価値」のポジショニング

提供する価値が特別であれば、オンリーワンの立ち位置に行くことができます。

「プロフィール写真専門カメラマン」であれば、通常、すてきな顔写真を撮れば及第点でしょう。一方で､「オーディション合格プロフィール写真家」と名乗れば、提供する価値は「きれいな顔写真」ではなく､「オーディションの合格」です。同じカメラマンでも、売り物がまったく違うのです。「写真」に高いお金を払う人は少なくても､「合格」に高いお金を払う人はいるはずです。まだ顕在化していない市場ニーズを掘り起こし、そこに価値提供できれば、ブランディングとビジネス（収入）の両面で大きな成果を手にできるでしょう。NEWフリーランスを目指す人に考えてもらいたいポジショニングのひとつです。

このように、ポジションの取り方にはいくつかの方法があります。

くどいようですが、どんなポジションであれ、それを必要とする人が一定数いなければ仕事にはなりません。

例えば、「電柱を専門に撮影するカメラマン」の市場ニーズは皆無でしょう（趣味の作品として撮るのはいいですが）。ニーズのないポジショニングは自己満足になりかねません。

「市場ニーズ」と「自分の強み・売り」――両者の接点を見つけていきましょう。

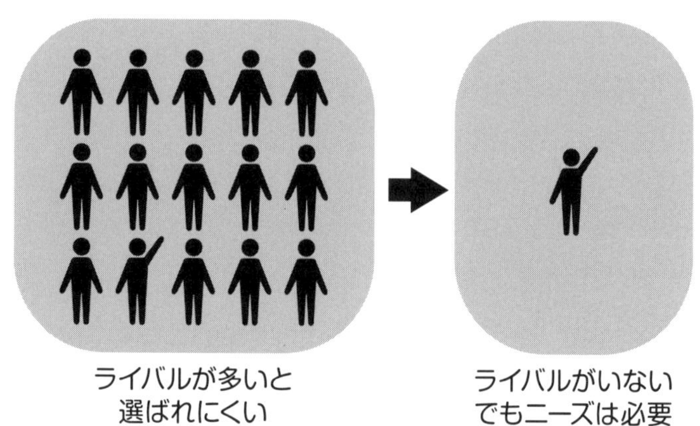
大勢の中に埋もれないような
ポジションを取る
ライバルが多いと
選ばれにくい
ライバルがいない
でもニーズは必要

56 「かけ算」で生み出す独自のポジション

自分の専門性を「かけ算する」ことで、ポジションを取れるケースもあります。

例えば、あなたがライターでバックパックの旅を趣味にしているなら「ライター×バックパッカー」のかけ算をして、「世界を旅するバックパックライター」と名乗れば、ポジションを取ることができるでしょう。それどころか、好きな旅をしながら収入を得られる、というライフスタイルも手に入ります。

以下は、あなたの専門性に、それ以外の「得意や特技」をかけ算した一例です。

◎ 経営コンサルタント × コミュニケーション
◎ ウェブデザイナー × スポーツ
◎ FP（ファイナンシャルプランナー）× 健康
◎ 動画カメラマン × セールス
◎ プロモーター × 心理学
◎ 医師 × お金

教育改革実践家の藤原和博さんが示す「1万時間の法則」をご存知でしょうか。ある分野の達人になるには、そのことに1万時間を投資する必要がある、という理論です。

「達人＝ 100 人中のトップ」と仮定してみましょう。ライターとして１万時間費やし、100 人に１人の存在になれたとします。これはもちろんすばらしいことです。しかし、突出しているかと言えば、そうとは言えません。1万人いれば100人のライバルがいるわけです。

もし、その人がもうひとつ抜きん出た「強み」を持っていたらどうでしょう。つまり、ライターとして１万時間、心理学で１万時間を投下している状態です。すると、100 人× 100 人＝１万人ですので、１万人中１人の人材になれるのです。ひとつの専門性よりも圧倒的にブランディングしやすいのがおわかりいただけるでしょう。

職種がどんなものであれ、**NEW フリーランスを目指すあなたは、すでに専門性を持っている状態です。そこに、もうひとつ秀でた「何か」をかけ算することで特別な存在になることができます。**

「かけ算するものがない」という人も、よく自分と向き合ってください。小さい頃から「好き」でやり続けてきたことはありませんか？ 「得意」で人からよく褒められたり、求められたりすることはありませんか？　自分の強みというのは、なかなか自分ではわからないものです。あなたが人から求められているもの。それはあなたの価値です。

ただ趣味で楽しんできた結果、すでに１万時間を投下しているものもあるのではないでしょうか？　**自分で「あたり前」にできることが大きな価値であることに気づいていない人も少なくありません。**周囲に自分の「強み」を聞いてみるのもいい方法です。

「かけ算」によるポジショニングは、あなたをオンリーワンへと導くターボエンジンになるかもしれません。

57 ターゲットの「ニーズ」をリサーチする

情報発信とは、ターゲットにプレゼントを贈るようなものです。相手が喜ぶプレゼントを贈るためには、ターゲットの好みを知っておく必要があります。甘い物が嫌いな人にスイーツをプレゼントしても喜んでもらえません。

「貢献の投稿」の成果を高めるためには、彼ら彼女らがどんな情報を欲しているか、つまりニーズを把握する必要があります。

◎ ターゲットはどんな情報を求めているのか？
◎ ターゲットはどんな悩みや不安を持っているのか？
◎ ターゲットはどんな課題を抱えているのか？
◎ ターゲットはどんなことに喜びを感じるのか？
◎ ターゲットがお金を払ってでも欲しいものは何か？

これらの答えを持っていることが「ニーズを把握している」という状態です。

想像だけでは机上の空論になりかねません。大事にしたいのが、ターゲットと直接話をすることです。会話をしているうちに、その人が抱えている真の問題や、欲しているものが見えてきます。

ターゲットのニーズの把握作業に終わりはありません。NEW フリーランスとして活動していく限り続いていくものです。

わたしは、現在、ブログやYouTube、Twitterなどで、「文章の書き方」や「伝え方」のノウハウを発信しているので、そうしたテーマにコンプレックスや悩み、苦手意識を持っている人たちのニーズ把握が欠かせません。

彼ら彼女らのニーズは、セミナー受講生との会話から得ることもあれば、SNSのコメント欄やメンション機能、メッセンジャー機能から得たり、本の読者から送られてくるメールで得たりすることもあります。あるいは、「Yahoo!知恵袋」や「教えて！goo」といったQ＆A共有サイトを横断して、能動的に世の中のニーズを拾い上げることもあります。

ターゲットが持つ疑問・質問は、そのまま「貢献の投稿」の元ネタになります。疑問・質問に答える形で投稿していけばいいのです。基本的なものから深いもの、鋭いものまで、さまざまな質問に答えることで専門性の高さや実力を伝えることができます。

もちろん、ターゲットに喜んでもらうことによって「信用貯金」も貯まっていきます。

なお、**ターゲットと属性が近いコミュニティに参加することもニーズの収集に役立ちます。**ターゲットが主婦なら主婦が集う場、経営者なら経営者が集う場に積極的に顔を出しましょう。リアルでのご縁も増えて一石二鳥です。

58 「第一想起」の人数が、あなたのブランドの価値？

ブランドの基準のひとつが、「第一想起（トップ・オブ・マインド）」の人数です。

「第一想起」とは、ブランド認知率の計測などで使われる概念で、「○○の製品（サービス／分野／業界）で、思い浮かぶブランド名をあげてください」という質問をした際、真っ先にあがるブランド名のことです。

例えば、わたしがウェブデザイナーだとしましょう。とある会社の社員Ａさんがウェブデザイナーを必要としたときに、真っ先にわたしのことを思い浮かべたとしたら、Ａさんにとって、わたしが「第一想起」の状態にあるということです。もちろん、第一想起されることで、仕事の依頼が来る可能性は高まります。

一方で、真っ先に思い出してもらえないとしたら（二番目以降）、Ａさんの中で第一想起を獲得していない状態です。

① 認知数 1000 人　第一想起人数 50 人
② 認知数 100 人　第一想起人数 30 人

①と②は、どちらが「いい・悪い」ではありません。どちらにも「優れた点」と「取り組むべき課題」があります。

①のように認知数が多いにもかかわらず第一想起する人の割合が少ないとしたら、それはユルいつながりはあるけれど（あるいは、目立ってはいるけれど）、その人の価値が低い状態です。**発信する情報の価値を高めて**（ターゲットに喜ばれる投稿を意識して）、**「第一想起人数」の割合を高めていく必要があります。**

②の人は、発信している情報の価値は高いものの、世の中への広まりが鈍い状態かもしれません。こういう人は、**情報発信を活性化させて、認知数を増やしていく必要があります**（ニッチな市場であれば、認知数が少なくてOKなケースもあります）。認知数が増えることで、一気にブランディングが加速する可能性を秘めています。

世の中には小手先のテクニックでフォロワー増やしに躍起になっている人もいますが、その戦略は、NEWフリーランスのブランドづくりとは本質を異にします。フォロワーが何万人いたとしても、第一想起人数が少なければ、リターンは得られません。

SNSユーザーに役立つ情報を発信し続けて「信用貯金」を貯めていきましょう。「信用貯金」が貯まるほど、第一想起する人は増えていくはずです。

59 「情報発信」の内訳は「貢献の投稿」が5割

NEWフリーランスの情報発信では、「貢献の投稿」をメインにしながら、自身の仕事ぶりや人間性、サービス内容も伝えていきます。

以下は、フリー書籍編集者Zさんの投稿内容と、その内訳です。

① **専門性とスキルに基づく情報提供（貢献の投稿）** → 投稿全体の5割

② **仕事の公開** → 投稿全体の3割

・仕事の流れ（打ち合わせ／企画づくりサポート／編集のプロセス）

・仕事を通じて実現したい世界（ビジョン表明）

・自身の作品（担当著作）の紹介

・出版業界や本づくりについての意見や主張

・クライアントの変化の様子、喜びの声、成功事例

・自身のメディア掲載歴、出演歴、執筆歴

③ **プライベートの公開** → 投稿全体の1割

④ **自身のサービス・イベントの告知** → 投稿全体の1割

この中でもとくに大事なのが①です。**ターゲットのお役立ちとなる「貢献の投稿」に注力することによって、換金可能な「信用貯金」を貯めていくことができます**（詳しくは次項で解説します）。

②は仕事内容を認知してもらうためのものです。世のフリーラン

スの多くが、世間一般から「何屋さん」だか認知されていない状態です。「何屋さん」だかわからなければ興味の持ちようがありません。仕事をしている様子が具体的に見えなければ、相談や問合せをすることもないでしょう。ましてや、サービスを購入しようというモードにはなりません。

「認知 → ブランド構築」を実現するためには、日々の情報発信が不可欠。SNSのタイムラインを1カ月さかのぼれば、自分の「旗」や「仕事内容」がわかる状態にしておくことがベターです。

NEWフリーランスにとって日々の情報発信は、それ自体が「ゆるい営業活動」なのです。

③の投稿では、①や②では見えにくかった、あなたの日常やライフスタイル、価値観などが香り立ちます。すると、あなたと波長の合う人や、あなたの人間性に共感した人たちがファン（見込み客）になってくれます。専門性とスキルだけでなく、人間性にも興味を持ってもらえると、ブランディングのパワーと効果が増幅します。

専門性やスキルで差別化を図りにくい分野の人は、③の投稿の割合を多めにしてもOKです。

④は、NEWフリーランスにとって大事な投稿です。ただし、サービスが売れるのは「信用貯金」が貯まっている状態のときだけです。普段「貢献の投稿」で「信用貯金」を貯めておけば、サービスを案内したときの反応率が高まります。「貢献の投稿」もせずサービス案内ばかりしていると反応率が下がるので注意しましょう（「信用貯金」を引き出し続けている状態です）。

60　「貢献の投稿」にこだわる

◆貢献の投稿で「信用貯金」を貯めよう

SNSを使っているけど、なかなか仕事に結びつかない、ブランディングできない――そういうフリーランスは少なくありません。彼ら彼女らに共通しているのが、「自分が書きたいことばかり書いている」という点です。

「今日のランチは味噌ラーメンでした」「昨夜は都内で同業者の会合がありました」「今日は打ち合わせ３件と現場回りが２件です」「週末は上野公園で恒例の花見をします」――あなたが、人気芸能人か全国区の有名人であれば別ですが、とくに内容のない日記ばかり書いていても、読者は興味を持てません。

くどいようですが、NEW フリーランスに求められるのは、ターゲットの役に立つ「貢献の投稿」です。

ターゲットに有益な投稿をすることで、発信者であるあなたの価値が高まります。

わたしであれば、文章の書き方に苦手意識を持つ人たちのためになる投稿をします。「文章の書き方のコツがわかりました！」「わたしにも書ける気がしてきました！」のような反応をもらったときに、チャリンと「信用貯金」が貯まります。

もちろん、お役立ち情報を与えることだけが貢献ではありません。どんな投稿をするときも、ターゲットに喜んでもらうこと、満足してもらうことを意識しましょう。

【貢献の種類】
楽しませる・喜ばせる・癒す・元気づける・感動させる・勇気づける・共感する・驚かせる・興味をかきたたせる・代弁する・○○な不安を和らげる・○○な欲求を満たす・笑わせる・希望を与える

貢献の投稿をし続けることで、あなたの「信用貯金」は貯まり、ファンが増えていきます。もちろん、獲得したファンは、あなたが提供するサービスの「見込み客」でもあります。

「貢献の投稿 → ファン増加 → サービス購入」――この流れを生み出すことがNEWフリーランスにとって肝要です。

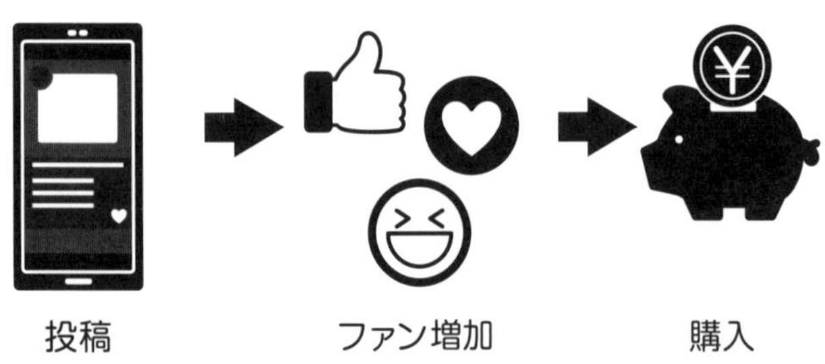

61 「貢献の投稿」がもたらす副次的なメリット

あなたが専門性とスキルに基づいたお役立ち情報を発信し続けていると、思わぬオファーが舞い込むことがあります。

【オファーしてくる人】
◎ マスコミ関係者（マスコミ出演・取材オファー）
◎ 出版関係者（出版オファー）
◎ 講演会主催者（講演会のオファー）
◎ 企業研修担当者（企業研修講師のオファー）
◎ タレント事務所（タレント・エージェント契約のオファー）

このような人たちは、常にアンテナを立てて、その道のスペシャリストを探しています。

彼ら彼女らの専門家探しの主戦場は今やインターネット＆SNSです。裏を返せば、**インターネット上やSNS上にあなたの専門性を示す情報がなければ、あなたにオファーがくることはありません。**「見つけてもらえない＝存在していない」です。

言うまでもなく、「マスコミに出る」「本を書く」「講演をする」などの活動は、ブランディング上も大きな効果を発揮します。「社会的に認められている」というお墨付きになるほか、これらをプロフィールの実績に盛り込むことで、自身の信頼性や権威性をナチュラルにアピールすることができます。

【ブランドが加速する一例】
ステップ１：SNS でブランディングする
ステップ２：出版してブランディングする
ステップ３：マスコミに出てブランディングする

わたしもそうですが、わたしの知人のフリーランスの中にも同様のステップで、一介のフリーランスから抜け出した人が大勢います。2、3のステップまでいくと「ブランディング加速」のサイクルに入ります（ステップ2と3の順番は逆転することもあります）。

つまり、本を出したり、マスコミに出たりすることによって、その人の「認知度」や「信頼性」が上昇し、SNSでフォローされやすくなる（ファンが増える）ということ。すると、さらにマスコミ出演依頼や出版依頼が舞い込む、という具合です。

お役立ち情報を発信し続けると
マスコミに取り上げられることも
♥300
おもしろいな
本を書いて
もらおう！

62 「とりあえず発信」で強みを見つけよう

「旗を立てよう」「情報発信をしよう」と言われても、どうしても行動できない。そんな人もいるかもしれません。自分の専門性とスキルのどこが強みになるのか、市場に求められているのかがよくわからない。わからないから動けないという状態です。

こういう人におすすめしたいのが「とりあえず発信」です。

その名のとおり、**とりあえず、あなたが「よさそう」「楽しそう」「おもしろそう」と思ったものを投稿してみる**のです。

ライターの吉川ばんびさんは、自身のブログで日記やエッセイなど、自分が考えていることを自由に書いていたそうです。あるとき書いた「若手女性社員にしつこく連絡してくる『しんどいオッサン』の話」という記事がバズり、テレビなどのメディアで紹介されました。

その後、執筆依頼が増え、「おじさん」や「ブラック企業」についてのテーマで記事を書く機会が増えたそうです。「『唯一無二の専門分野』を見つけることが、新たな仕事につながっていく」。そんなふうに、ばんびさんは語っています。

自分が書きたいテーマでSNS投稿した結果、そのテーマでの仕事依頼が増える。こうした流れもまた情報発信時代の特徴でしょう。

ここでポイントとなるのが「読者への貢献」です。ばんびさん自身は「自由に書いていた」のかもしれませんが、そこに潜在的なニーズがあったからこそバズり、世間から注目されたのです。

「とりあえず発信」のいいところは、それ自体が市場ニーズのリサーチになっている点です。もしかすると、あなたが「これはいまいち」と感じていたものが拍手喝采で受け入れられる可能性だってあるのです。やってみなければわからない。あたりまえのことですが、これはSNS活用全般に貫通する本質です。

自分らしいと思う——イラストを投稿してみる。写真を投稿してみる。アイデアを公開してみる。意見や主張を書いてみる。夢や目標を語ってみる。——あなたが発信する「それ」が世間のニーズを満たしているのであれば、認知と拡散が起きるはずです。

旗を立てたり、情報発信を躊躇したりする人の中には、周囲からの「批判」が怖い、という人もいます。もちろん、情報発信には読者のさまざまな「反応」がつきものです。中には手厳しい批判もあるかもしれません。心が折れそうになることもあるでしょう。

しかし、「光」が強ければ「影」が濃くなるのは当然のことです。**批判ゼロという状態は、NEWフリーランスにとって好ましい状態とは言えません。**なぜなら、あなたの情報発信が誰のハートも射抜いていないことを意味するからです。

一方、批判が生まれるということは、あなたの投稿が誰かのハートを射抜いている証拠です。その批判の裏にはその何倍、何十倍もの賛同者・共感者がいるものです。

したがって、批判がきたら赤飯を炊きましょう。それは、あなたが順調にブランディングしているシグナルです。

63 専門性を磨き続けることが「成功」の秘訣

「わたしは変化することが嫌いです」という方はNEWフリーランスには向きません。〈自分は進化・成長し続けていく〉という覚悟こそが成功の種だからです。

173ページで「1万時間の法則」をご紹介しましたが、1万時間を投下すれば万事OKという意味ではありません。

わたしであれば、誰よりも「文章の書き方」や「伝え方」と向き合ってきた自負があります。1日12時間×300日×24年で、すでに8万5000時間以上の投下です。おそらく「文章の書き方」というワンテーマでも1万人中トップでしょう。

とはいえ、自分の文章力に満足したことや、完璧だと思ったことは一度もありません。

未だに文章力の本を読み漁り、動画で勉強し、人気作家や人気ブロガーの文章から学び続けています。**学び続けることは、「時代の先行きを読み、変化に対応し続ける」こととイコールです。**言葉の使い方や意味、その受け取り方は、常に変化し続けています。時代の空気感やトレンドをつかまなければベストな文章は書けません。

仮にひとつの専門性に1万時間を投下していたとしても、その後の進化・成長がなければ、その価値は目減りしていきます。真の専門性とは、その分野におけるアップデートを内包しているもの。「進化・成長しない＝非専門的」とも言えます。

何よりも自分が成長することで、自分にかかわるすべての人――クライアント、お客様、読者、視聴者など――を幸せにすることができます。そうして貯めた「信用貯金」は、サービス購入などの形で、いずれ換金されることになります。

成長し続けなければ稼げなくなる

64 ブランディングを支える ふたつの要素

情報発信をするうえで大事なのが**「一貫性」**と**「継続性」**です。

言っていることがフラフラしていたり、しょっちゅう「旗」が変わったりしているようだと、ブランディングに黄色信号が灯ります。

世の中にコロコロ変化するブランドはありません。外から見たときに、そこに**「一貫性」と「継続性」がなければ、信頼や安心を感じてもらうことができません。**もちろん、そこに賛同・共感する人も増えていかないでしょう。

情報発信の内容面でも、一貫性は問われます。

例えば、わたしは情報発信をするときに「貢献の投稿をし続けよう」と言い続けています。これはインターネット上のみならず、自著の中でも一貫して展開している持論です。

そんなわたしが、急に、情報発信は自由でOK。「あなたの書きたいことを好きなように書けばいい」と言いはじめたらどうでしょう。おそらくわたしのことを知っている人たちは「言っていることが違う」と疑念が生じるでしょう。

もちろん、人間は進化・成長する生き物です。自分の思考や価値観、あるいは、ノウハウの類いが変わることもあるでしょう。しかし、重要な価値観や哲学が変化したのであれば、それなりに納得感のある理由を示す必要があります。理由なき転向は、「一貫性」のなさを露呈してしまうので要注意です。

「ブランド＝価値」はつくるまでに時間がかかりますが、崩れるのは一瞬です。あなたが思っている以上にあなたの「一貫性」と「継続性」は見られています。

「一貫性」から外れたことを行えば、ターゲットが戸惑い、違和感を覚え、離れてしまうこともあります。

なお、「一貫性」を形成する要素には次のようなものがあります。

◎ その人が掲げる「旗」
◎ その人のビジョン（理念）
◎ その人のパッション（情熱）
◎ その人のパーソナリティ（個性／人格／人柄）
◎ その人の見た目（視覚的印象）
◎ その人が提供するコンテンツ（その骨幹となる要素）

これらの一貫性が保たれていればいるほど、あなたのブランド構築はスピーディに進みやすくなり、保たれていなければ、（自分では頑張っているつもりでも）ブランド構築は進みにくくなります。

「一貫性」というのは、思いのほか乱れやすいものでもあります。小さな乱れを見逃さないよう、定期的にセルフチェックしましょう。

65 一貫性を保ちつつ変化する「ピボット戦略」

ピボット戦略を取れば、ブランドの「一貫性」をキープしながら、自分の活動を広げていくことができます。

「ピボット」(pivot) とは「回転軸」という意味の英語。バスケットの選手が、片足を軸にして体を回転させる動作（ピボット）を思い浮かべてください。

「ピボット」は、ビジネスシーンでは「方向転換」や「路線変更」の意味で使われています。もちろん、むやみやたらと動くのではなく、バスケット選手同様、「片足を軸」に動くことが肝心です。

自分のブランドを構築したフリーランスもまったく同じです。

例えば、フリーのゲームクリエイターが急に「在宅介護講座」を開催したとしたら、ブランディングにズレが生じます。

一方で、「高齢者の認知症を予防するゲームのススメ」であればどうでしょう？ 「ゲーム」という「軸足」が固定されているため、一貫性は保たれています。

このように**ピボット戦略を取るときは、ネーミングなどの「見せ方」に工夫を凝らしましょう。**

もっとも、ピボット戦略が適用できないようなら、そのサービスはオープン（公開）にしないほうがいいかもしれません。本当に親しい人（濃いファンなど）に「特別なもの」として提供してあげればOK。むしろ、濃いファンにはその特別感が喜ばれるでしょう。

66 「実績」はプロフィールの最重要パーツ！

ブランディングするうえで重要なのが、プロフィールに盛り込む「実績」です。「実績」は取りも直さず「信用」です。

「待ち」の姿勢では、いつまで経っても実績は増えていきません。自分の市場価値を高めていくためにも、攻めの姿勢で、スピーディに実績を積み上げていきましょう。

イラストレーターであれば、自分のイラスト（作品）を販売したり、イラストを描くワークショップを開いたり、イラストの描き方動画を発売したりすることで、それらがすべて実績になります。

わたしは、「売れるプロフィール作成ライター」と名乗りはじめた頃、仲間の講師と一緒に2、3カ月使って全国8カ所（東京、名古屋、大阪、広島、博多、新潟、札幌、仙台）でセミナーを行いました。利益はほとんど出ませんでしたが、それでも「全国でセミナーをした」という実績をつくることができました。

わたしはその実績をすぐにプロフィールに盛り込みました。お陰様で、その後、プロフィール作成サービスにたくさんのお申込みをいただきました。「実績」があることで「この人に任せれば、魅力的なプロフィールになりそう」と思ってもらえたのでしょう。

おもしろいもので、実績が増えるほどサービスは売れやすくなります（プロフィールとして表現しておくことが大前提です）。実績はNEWフリーランスが最も大事にすべきもののひとつです。

67 「ビジョン」や「ミッション」を書く

プロフィールの終盤には、自分のビジョンやミッションも添えておきましょう。

ビジョンは、あなたが実現したい世界のこと。あなたはその仕事を通じて、どういう社会をつくりたいですか？　――その答えを書くことによって、あなたに共感し、興味を持つ人が増えていきます。

165ページで紹介した「思わずヨダレが出る『おいしい料理撮影家』」の肩書きを持つ人であれば、以下のようなビジョンが似合います。

その料理を食べたことのない人にも、料理のおいしさを味わってもらう

その志の高さに感銘を受ける人もいるでしょう。あなたが飲食店オーナーや料理教室の先生なら、この人に料理の写真を撮ってもらいたい、と思うのではないでしょうか。

ちなみに、わたしのビジョンはこうです。

文章を武器に「自分らしい人生」を切り拓く人を増やす

このビジョンの手前には、ミッションも存在しています。

ミッションは、ビジョン達成のために、その人が果たすべき使命

です。

文章を書くことが「嫌い」を「好き」に変える

ビジョンが「目指すゴール」なら、ミッションは「エンジン」です。ゴールを目指して、エンジンを搭載した自分が突き進んでいくイメージです。

「実績」が「頭」で理解するものだとしたら、「ビジョンとミッション」は「心」で感じるものと言えるでしょう。NEW フリーランスのプロフィールには、その両方が必要です。

なお、サービスの売り込みは嫌われますが、ビジョンの売り込みは嫌われません。それどころか、語れば語るほど、あなたの共感者やファンが増えていきます。

もちろん、中には、あなたのビジョンに共感しない人もいるでしょう。でも、それでいいのです。ビジョンに共感した人は残り、共感しない人は去る。つまり、ビジョンがフィルタリングの役割を果たしてくれるのです。

ビジョンの共感者とは、濃いファンに育つ可能性のある人たちのこと。彼ら彼女らは、サービスの見込み客であると同時に、好意的な拡散・口コミをしてくれるエバンジェリスト予備軍でもあります。

どんなにすばらしいビジョンがあっても、それを公言しない限り、得られる効果や恩恵は微量です。オンライン・オフラインを問わず、どんどん語っていきましょう。

68 NEW フリーランスが取り組むべき SNS とは？

SNS に何を使えばいいか？　それは、その人の専門性にもよります。イラストや写真など、ビジュアル的なアピールが有効なコンテンツであれば Instagram、テキストで表現することが向いていればブログや note。「話すことが得意」「パーソナリティを伝えたい」「動きで見せることの意義が大きい」などの要素があれば YouTube も有効です。

さすがに「とにかく何でもやっておけばいい」という考え方は乱暴すぎますが、多くの人が 1 人で複数の SNS を使い分けている以上、情報発信者は、（ターゲットの SNS 利用状況を見極めながら）いくつかのメディアを並行して使っていく必要があります。

① ブログ

NEW フリーランスに必ず取り組んでもらいたいメディアがブログです。なぜなら、次から次へと投稿が流れていく「フロー型メディア」と異なり、ブログは、書いた記事が蓄積されていく「ストック型メディア」だからです。

Google（検索エンジン）との相性がよく、ほかの SNS と比べ検索で上位表示されやすい傾向にあります。良質の記事であれば、数年前に書いた記事にもアクセスが集まります。

「ブログ記事＝資本」です。ブログには、コンテンツの収納庫としての役割もあるため、コンテンツの二次利用や三次利用にも適しています。例えば、「○○セミナー」の依頼を受けたとき、すでに書き溜めてあるブログ記事をまとめることで、資料ができ上がることもあります。

NEW フリーランスにとって、ブログを書くメリットはほかにもあります。それは**アウトプット力が鍛えられる**、という点です。

NEW フリーランスの基本スタイルは、従来型フリーランスのような「専門性・スキル＋人脈」ではなく、「専門性・スキル＋アウトプット」がスタンダードです。SNS での情報発信然り、人に教えるサービス然り、音声や動画コンテンツ然り。アウトプットできなければNEW フリーランスとしての成功は望めません。

その点、まとまった文章を書くことができるブログは、文章上達エクササイズとして有効です。頭の中にある情報を言語化（情報化）する感覚が身につくほか、文章を書きながら思考が活性化し、新たな意見やアイデアが生まれることもあります。文章化することでコンテンツが体系化されていくケースも少なくありません。ブログを書くことはあなたの専門性やスキル、それに、自己成長を加速させることなのです。

② note

note はテキストや写真、イラスト、音楽、映像などを投稿できるクリエイター向けのプラットフォームです。希少なノウハウを持っている人や、ユニークなオピニオン（意見）を打ち出すことが得意な人などにおすすめです。**最大の特徴はつくった作品**（note）**に金額を設定して販売できる機能が備わっている点です。**有料のプレミアム会員になると、定期購読の形式で月額課金制のマガジンを発行することもできます。

③ Facebook

Facebookのアドバンテージは、なんと言っても実名登録の安心感でしょう。拡散性はさほど高くありませんが、つながりをユルくキープするのに向いています（名刺交換代わりにFacebookでつながる人も多い）。仕事の投稿とプライベートな投稿をバランスよく伝えていくことで、「旗」や「コンテンツ」「人間性」などを認知してもらうことができます。コメントのやり取りを通じて、着実につながりを強化していくことができます。グループ機能やイベント機能も充実。「メッセンジャー」機能と連携させることで個別やグループでメッセージのやり取りをすることもできます。

④ Twitter

日本人に人気のTwitterは、多数のユーザーと気軽につながれるほか、リツイート機能による拡散性の高さが特徴です。「旗」に関連するつぶやきを大量投下することでアクティブフォロワーを増やしていくことができます。軽めのつぶやきから入魂ツイートまでさまざまに織り交ぜてOK。考えすぎず、即興でつぶやく気軽さが大事です（構えすぎると長続きしません）。140文字でまとめ続けることで、情報の要約力も磨かれていきます。

⑤ Instagram

写真で魅力が伝わるコンテンツに向いています。**ターゲットが10～30代の女性であれば、より親和性が高まります。**Instagram

で主流の「ハッシュタグ検索」を意識しながら投稿するのがコツ。直接的なセールスには不向きながら、写真や動画で独自の世界観を演出することでファンを増やすことができます。ユーザーに２択で質問できる「アンケート機能」はリサーチに、24時間で投稿が消える機能「ストーリーズ」は集客に使うこともできます。

⑥ YouTube

NEWフリーランスにとって「取り組んでおくべきメディア」のひとつです。なぜなら、一般ユーザーによるYouTube内検索が増えているからです。あなたの名前で検索したときに、あなたのコンテンツや情報が何も出てこないとすると……それは機会損失です。**動画の情報量は圧倒的ゆえ、コンテンツの内容のみならず、その人の人間性もよく伝わります。**YouTuberを目指す必要はありません。定期的に動画をアップしながら地道にファン（見込み客）を増やしていきましょう。

◆ SNSのライブ配信

Facebook やInstagram、LINE、YouTubeなど、ライブ配信機能を備えたSNSが増えてきました。ライブ配信の最大の魅力は、発信者の人間性が伝わりやすい点です。また、双方向のコミュニケーションも図れるため、心と心の距離が近づきやすいのも特徴。上手にサービス紹介すれば、その場で申し込んでくれる人もいます。

それぞれのSNSの特性を押さえたうえで、また、あなたの専門性との相性を見極めながら、力を注ぐSNSを決めましょう。

69 公式サイトは情報発信の「母艦」

NEW フリーランスに公式サイト（ホームページ）は必要か？ 答えはイエスです。

NEW フリーランスにとってのブランドとは何か？　それは「あなた自身」です。インターネット上で「あなた」の存在を証明するものが公式サイトです。

SNS であなたのファンになった人や、あなたのサービスに興味を持った人が、より詳しい情報を求めてたどり着くのが公式サイトです。**公式サイトは、あなたの情報発信の「母艦」のような存在です。**各 SNS にも必ずリンクを載せ、いつでもアクセスできるようにしておきましょう。

検索経由や SNS 経由で多くの人が訪れるメディアなので、必要な情報をわかりやすく載せておく必要があります。

公式サイトには以下の項目を載せておきます。

◎ プロフィール（活動内容や実績）
◎ 提供しているサービスメニュー
◎ 最新のお知らせ
◎ お問い合わせフォーム
◎ リスト（メールアドレス）を取るための工夫　※次項で解説します

　このほかにも、あなたの専門性や実績に応じて、「作品集」「お客様の声」「マスコミ掲載・出演」などの項目を用意してもいいでしょう。ブログ機能を持つWordPressなら、公式サイト内でブログ記事を書いていくこともできます。

　もちろん、あなたが「何者であるか」がひと目でわかるビジュアルデザインも必要です。とりわけ公式サイトのヘッダー画像（一番上の画像）には、あなたの写真や肩書き、キャッチコピーを入れるなどして視覚的に「旗」を伝えていきましょう。

山口拓朗の公式サイトのヘッダー

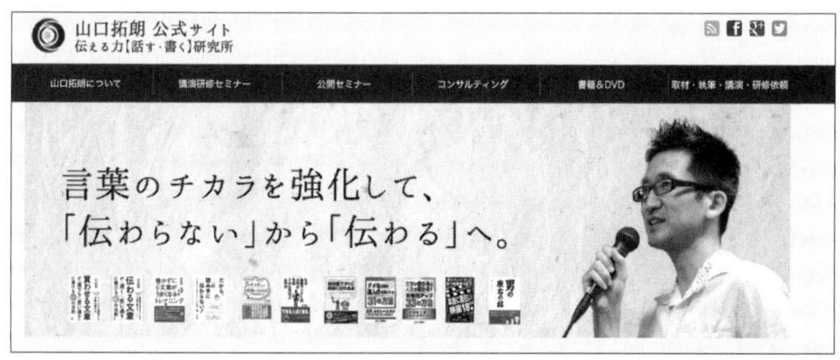

70 セールスは プッシュ型メディアで

濃いファンに対してはメルマガやLINE公式アカウントを使い、直接、情報を届けるシステムを構築しましょう。

これらのメディアは、SNSとは違い、登録者（＝濃いファン）のスマートフォンやパソコンに直接情報を届けることができます。これを「プッシュ型メディア」と言います。

メルマガはオールドメディアと言われることもありますが、未だに高い反応率を得ることができます。

どんなSNSやアプリを使っているかは人それぞれ違いますが、メールアドレスを持っていない人はごく少数です。受け取る側の環境が整っていることがアドバンテージです。

ターゲットが20代、30代の女性であれば、LINEの利用者が少なくありません。LINE公式アカウントでの情報提供を検討してもいいでしょう。

プッシュ型メディアを充実させるためには、SNSや公式サイト経由で「メルマガ」や「LINE公式アカウント」に登録できるよう導線を整備しておく必要があります。

前項で、公式サイトに載せる項目として「リスト（メールアドレス）を取るための工夫」をあげたのもこのためです。

ただし、ストレートに「メルマガの登録はこちら」と促したところで、ほとんどの人が登録しません。

そこでおすすめしたいのが、メルマガの登録と引き換えに、PDFや音声、動画などの特典をプレゼントする、という方法です。メルマガ登録時の自動返信メールに「特典のダウンロードURL」を載せておけばOKです。バナーに書かれた「メルマガの登録はこちら」の文字を「120分のセミナー動画を無料プレゼント！」に書き換えるだけで、メルマガの登録率は3倍以上にアップするはずです。

メルマガやLINE公式アカウントの登録者は、あなたに信頼を寄せる濃いファンであり、あなたのNEWフリーランスとしての活動を下支えする大切な存在です。

SNSでの情報発信以上に有益な情報を与えて、ファンのハートをガッチリとつかみましょう（「信用貯金」を貯めまくりましょう）。

読者数が多くなればなるほどサービスの購入＆お申込みが増えていきます。定期的な配信を心がけて大事に育てていきましょう。

71 アクションしやすい導線をつくる

あなたが発信する情報を受け取っているターゲットに「してもらいたいアクション」は何でしょうか？　仕事の内容やシチュエーションにもよるとは思いますが、ブログであれば、以下のようなアクションが考えられます。

◎ 公式サイトを見てもらいたい
◎ メルマガに登録してもらいたい
◎ 無料相談に申し込んでもらいたい
◎ 資料請求してもらいたい
◎ セミナーに参加してもらいたい

ブログをはじめとするSNS上は、あなたに興味を持っている読者にストレスなくアクションを起こしてもらう場でもあります。

問い合わせをしたくても"その入り口"がわからなければ、動きようがありません。問い合わせフォームがパッと目に入らないだけで、読者は「もういいや」と離脱します。読者は〈めんどうくさいことをいっさいしない〉と心得ておきましょう。

マーケティングでは、チラシを受け取った人が、申込や問い合わせをする手段のことを「レスポンス・デバイス」と言います。これが目立っているほど反応率が高まります。

これはインターネット上でも同じです。ブログのサイドメニューの一番下のほうに「公式サイトへ飛ぶバナー」や「メルマガの登録フォーム」があっても、読者はなかなか見つけられません。イヤでも目に入るくらいの位置に置くのがセオリーです。

もちろん、バナーの視認性は高めておく必要があります。メディアを問わず、インターネット上で導線を設計するときには、徹底して読者の気持ちになることが肝心です。

山口拓朗のオフィシャルブログ

▲プレゼントを手に入れるためのフォームを目立つところに設置している

72 「情報発信」から「サービス提供」までの全体像をつかんでおく

本章の総括として、NEW フリーランスの「情報発信」から「サービス提供」までの流れの「全体像」をご紹介します。

SNS で「貢献の投稿」をし続けていくことで〈存在認知 → ファンをつくる →「信用貯金」を貯める〉という流れが生まれます。

あなたの投稿を見かける回数が多いほど「ザイオンス効果（単純接触効果）」を得られやすくなります。「ザイオンス効果」とは、〈同じ人や物に接する回数が増えるほど、その人や物に対して親しみを抱きやすく、好感度も高まっていく心理現象〉のこと。つまり、**情報発信をすればするほど、周囲のあなたへの警戒心が薄れていき、信頼性や安心感が高まっていくのです。**

仮にあなたが、NEW フリーランスからサービスを買う場合、おそらく、1回や2回、投稿を見かけたことがある人からではなく、30回、50回、あるいは、100回、200回と投稿している人から買いたいと思うでしょう（その人が「貢献の投稿」をしていることが前提ですが）。

ザイオンス効果はパーソナルブランディング上も極めて有効です。個人が自分のブランドをつくっていくためには、「貢献の投稿」をすると同時に、ターゲットとなる人たちとの接触回数を増やすことが大事なのです。**「投稿の質 × 投稿の回数」であなたのブランディ**

ングは加速していきます。

活用しているSNSは、それぞれのメディア間を行き来できるよう連動性を高めておくほか、母艦となる公式サイトへアクセスできるよう、また、プッシュ型メディアである「メルマガ」や「LINE公式アカウント」に登録してもらう流れをつくっておきます。

プッシュ型メディアの登録者は、前向きにサービスの購入を検討する人たちです。より深くあなたから学びたい人、深い交流を求める人に対しては、サロンをはじめとするコミュニティを用意しておくといいでしょう。

メディアの種類を問わず、情報発信をするときには、その発信を〈何のためにしているのか〉を考えましょう。

全体像が見えていなければ「木を見て森を見ず」となり、成果が出にくくなります。

もちろん、紹介した全体像は一例にすぎません。あなたの専門性やスキル、提供しているサービスの種類や内容、あなたの情報やサービスを受け取る人の属性などに応じてアレンジしてください。

「情報発信」から「サービス提供」までの流れ

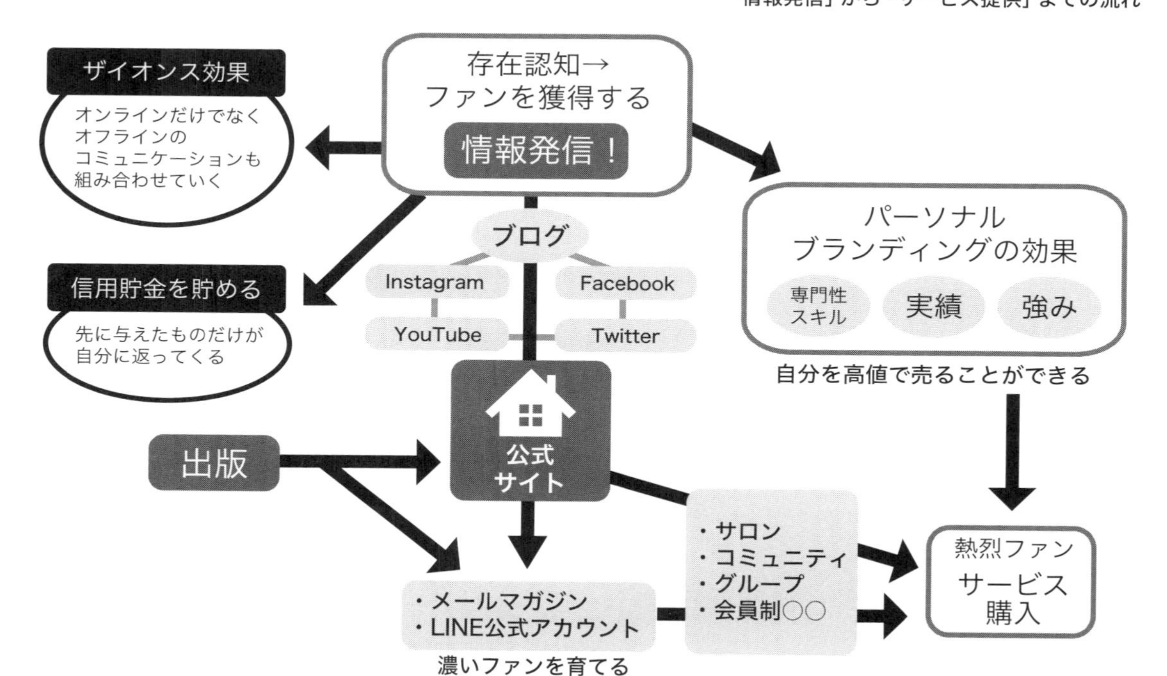

存在認知→
ファンを獲得する
情報発信！
ザイオンス効果
オンラインだけでなく
オフラインの
コミュニケーションも
組み合わせていく
信用貯金を貯める
先に与えたものだけが
自分に返ってくる
ブログ
Instagram
Facebook
YouTube
Twitter
パーソナル
ブランディングの効果
専門性
スキル
実績
強み
自分を高値で売ることができる
出版
公式
サイト
・メールマガジン
・LINE公式アカウント
濃いファンを育てる
・サロン
・コミュニティ
・グループ
・会員制○○
熱烈ファン
サービス
購入

第5章

情報発信の効果を最大化するための文章術

73　情報発信＆コミュニケーションの大半は「文章」で行われる

「自分には専門性とスキルがあるから文章力なんていらない」と思っているとしたら、その考えは改めたほうがいいでしょう。

SNSでの情報発信を行ううえでも、オンライン上でクライアントやお客様とやり取りをするうえでも文章力が必須です。

どれほどすばらしい専門性やコンテンツを持っていても、文章が稚拙だったり、乱暴だったり、意味不明だったり、ダラダラしていたりすると、それだけで仕事効率と生産性が下がってしまいます。信頼性を損ねかねず、ブランディング上も大きなマイナスです。

今の時代**「書けない人＝仕事ができない人」というモノサシも存在します。**専門性やスキルに磨きをかけることや、上質のサービスを用意することも大事ですが、それと同じくらい、文章を書いて人に伝えるデリバリースキルは重要です。もちろん、サービスを提供するときも、その案内文やセールス文がしっかり書けていなければ、購入率や申込み率は下がってしまうでしょう。

作家が書くような気の利いた美文を書く必要はありません。まずは、平易でわかりやすい文章、相手がストレスなく理解できる文章を書くことからはじめましょう。

文章の書き方の基本については拙著『伝わる文章が「速く」「思い通り」に書ける87の法則』（明日香出版社）をご覧ください。

74 書く前に読む人の反応を決める！

書く前に読む人の反応を決めるだけで、あなたがSNSに投稿するときの文章の書き方が変化します。

多くの人が、文章を書く前に「読む人の反応」について考えていません。中には、自分が書きたいことだけ書こうとしている人もいます。だから、伝わらないのです。

読む人の反応を、読む人任せにしてはいけません。

書く前に、あなたが理想とする「読む人の反応」を必ず決めてください。

◎ ブログ記事を読んだ人が「そういうことか！　勉強になった！」とひざを叩く

◎ Facebookの投稿を読んだ人が「○○さんってすてきだなあ」と目を輝かせる

◎ 企画書を読んだクライアントが「すばらしい企画だ！　実現に向けて話を進めよう」と前向きで熱い返信をしてくる

◎ 商品のセールス文を読んだ人が「これはいい！　すぐに申し込もう」と申込みバナーをクリックする

◎「ご協力のお願い」のメールを読んだ人が「ぜひ手伝わせてください」と快諾の返信をしてくる

◎ お詫び文を読んだ人が誠実さを感じて「今回は水に流しましょう」と快く許してくれる

「読む人の反応」はできるだけリアルに思い浮かべましょう。目標の明確化です。

人の脳は賢いもので、目標を明確にするやいなや、必要な情報を集めたり、工夫を凝らしたりと、無意識のうちに目標達成に向かいはじめます。「読む人を決める」ことは、「脳のナビゲーションシステム」のスイッチをオンにすることなのです。

NEW フリーランスが書く文章に「読む人の反応なんてどうでもいい」というものは存在しません。「読む人の反応」を決めて文章を書くことによって、あなたが書く文章の効果は最大化されます。

読み手が喜んでいる姿を想像する

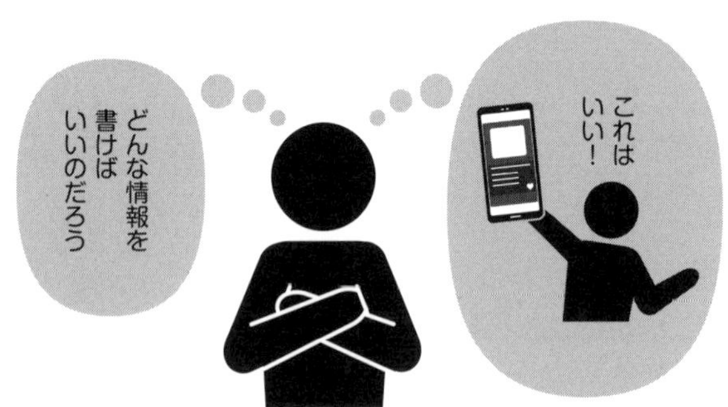

どんな情報を
書けば
いいのだろう
これは
いい！

読み手を想像すると
書くことを具体的に考えられる

75　読み流されないための「1投稿1メッセージ」

情報発信をするとき、ついあれこれ書きたくなる気持ちはわかります。しかし、あれこれ書くほど読む人には伝わらなくなります。

そもそも多くの人がSNSの投稿やブログ記事を真剣に読んでいません。流し読みしています。

逆に言えば、わたしたち情報発信者は、**たとえ流し読みされても受け取ってもらえるくらい「わかりやすい1メッセージ」を用意しなければいけないのです。**

例えば、フリーのパーソナルトレーナーが「免疫力を高めよう」という内容のブログ記事を書くときに、以下の内容をすべて盛り込むとします。

◎ 運動の大切さ
◎ 睡眠の大切さ
◎ 食事の大切さ
◎ ストレスを溜めないことの大切さ
◎ 好きなことに没頭することの大切さ
◎ 笑うことの大切さ

情報量の多さに圧倒されて、画面を閉じてしまう人、めんどうくさそうに感じる人、頭に入ってこない人、読んだけど印象に残らない、という人も出てくるはずです。

あなたが整理して伝えることが苦手だとしたら、なおのこと1メッセージに絞り込む必要があります。「運動の大切さ」に絞ったなら、〈そのこと以外は書かない〉と決意します。

もっと言えば、「運動の大切さ」も、まだまだ広めのテーマ設定です。その中で、あなたが今回最も伝えたいことは何でしょうか？

「無酸素運動の効果とリスク」「ストレッチも、れっきとした運動です」「疲れたときこそ運動しよう」「運動嫌いな人でも簡単に取り組める○○」など、さまざまな切り口に分解できそうです。こうして分解したテーマのうちひとつを伝えることで、読む人が受け取りやすい投稿になります。

あれこれ書きがちな人は、あらかじめ「貢献の投稿」のネタを100～200個、書き出しておきましょう。下ごしらえした食材を小分けして冷蔵庫にストックしておくイメージです。投稿するときには、その冷蔵庫から小分けしたネタを取り出せばOK。「1投稿1メッセージ」になりやすくなります。

なお、「貢献の投稿」のネタをつくるときには、自分の中から絞り出すだけではなく、ターゲットの疑問・質問を集める、という方法もおすすめです。とくに普段ターゲットから受ける質問や相談は貴重なネタです。「それらの質問に答える投稿＝貢献の投稿」です。ほかにも「競合の情報発信をチェックする」「自分のテーマと重なる本やサイトを読む」「Q＆A共有サイトをのぞく」など、あの手この手でネタを集めておきましょう。

76 ロジック（論理）&エモーション（感情）

SNSで情報発信するときは、「ロジック（論理）」と「エモーション（感情）」のバランスが求められます。どちらか一方に偏っていないか注意しましょう。

◎ ロジック優位の文章
論理的で根拠も豊富。理解しやすい。信頼性・信憑性が高い。
一方で、感情に訴えかける力に乏しい。
◎ エモーション優位の文章
「思い」や「情熱」が伝わり、感情が揺さぶられる。
一方で、論理性に乏しく説得力に欠ける。

【エモーション優位の文章】
あいさつをすることと、オフィスをきれいにすること。この２点を実践することで、社員のモチベーションが高まり、売上が伸びていきます。
前職のとき、社内全体で、あいさつと、オフィスの片づけを徹底した時期がありました。すると、社員の表情がみるみる明るくなり、集中力や行動力が高まりました。それからほどなく低調だった売上が上昇に転じたのです！　あのときは本当に驚きました。
あなたの会社の環境はどうですか？　もしも売上が低迷しているようなら、だまされたと思って「あいさつ」と「片づけ」を徹底させてみてください。その効果の大きさに驚くはずです。

この文章を読んだ人の中には、「へえ、そんなに変化したなんてすごいです」と心が動く人もいるでしょう。書き手の体験談に、エモーションがたっぷりと含まれています。

しかしながら、自社で取り入れてみよう、と考える人は少ないかもしれません。なぜなら、ロジックが弱いからです。十分な根拠が示されておらず、再現性が高いように感じられません。「たまたまでしょ？」と不審がる人もいるでしょう。

【ロジック優位の文章】

あいさつをすることと、オフィスをきれいにすること。この2点を実践することで、社員のモチベーションが高まり、売上が伸びていきます。

「割れ窓理論」をご存知でしょうか。窓ガラスを割れたまま放置しておくと、その建物はきちんと管理されていないと思われてしまい、そこにゴミが捨てられ、やがて地域の環境が悪化し、凶悪な犯罪が多発するようになる――という犯罪理論です。

ニューヨークでは1990年代後半に、地下鉄の落書きなどを徹底的に取り締まった結果、殺人・強盗などの犯罪が大幅に減少し、治安回復に劇的な成果をあげました。「細部」を変えると「大局」が変わる。この理論は会社にも適用することができます。

あなたの会社の環境はどうですか？　もしも売上が低迷しているようなら、だまされたと思って「あいさつ」と「片づけ」を徹底させてみてください。その効果の大きさに驚くはずです。

信憑性の高い「割れ窓理論」が高い説得力を生み出しています。

一方で、心が揺さぶられるかというと、そうでもありません。「理屈はわかるけど、ワクワクしない……」という文章です。

【エモーションとロジックを組み合わせた文章】

あいさつをすることと、オフィスをきれいにすること。この2点を実践することで、社員のモチベーションが高まり、売上が伸びていきます。

「割れ窓理論」をご存知でしょうか。窓ガラスを割れたまま放置しておくと、その建物はきちんと管理されていないと思われてしまい、そこにゴミが捨てられ、やがて地域の環境が悪化し、凶悪な犯罪が多発するようになる――という犯罪理論です。

ニューヨークでは1990年代後半に、地下鉄の落書きなどを徹底的に取り締まった結果、殺人・強盗などの犯罪が大幅に減少し、治安回復に劇的な成果をあげました。

実はわたしも似た経験をしています。前職のとき、社内全体で、あいさつと、オフィスの片づけを徹底した時期がありました。すると、社員の表情がみるみる明るくなり、集中力や行動力が高まりました。それからほどなく低調だった売上が上昇に転じたのです！　あのときは本当に驚きました。身をもって「割れ窓理論」の効果を実感した瞬間でした。「細部」を変えると「大局」が変わるのです。

あなたの会社の環境はどうですか？　もしも売上が低迷しているようなら、だまされたと思って「あいさつ」と「片づけ」を徹底させてみてください。その効果の大きさに驚くはずです。

ロジックとエモーションを組み合わせることで、説得力があり、なおかつ、心に響く文章になりました。自分の会社に「あいさつ」と「片づけ」の習慣化を提案しよう、と思う人もいるかもしれません。

あなたが書く文章はどうですか？ **ロジックが優位？ それともエモーションが優位？ どちらか一方が強すぎるとしたら、読者の反応が〈今ひとつ〉になっているかもしれません。**両者をバランスよく盛り込むよう心がけましょう。

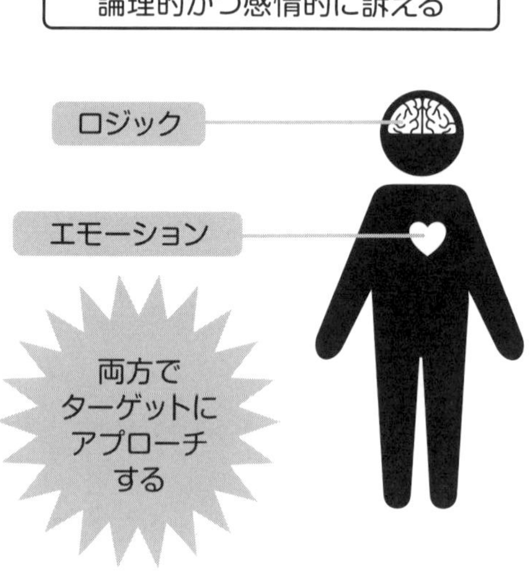

77 サービスの案内文の本丸は「ベネフィット」

公式サイトや販売ページ、SNS上に自身のサービスの案内文を書くときには、ベネフィットを明確に打ち出す必要があります。

「ベネフィット」は、商品の特徴ではありません。**サービス購入者が、その商品・サービスから受け取る効果や効能、利益、恩恵のこと**を言います。

一例をあげましょう。あなたが、このサービスのターゲット（経営者）だった場合、以下①～③のどのサービス案内文に興味を持ちますか。

【サービス案内文①】
このプログラムはわかりやすく体系化されており、ステップ・バイ・ステップで実践いただくことができます。その効果には絶対の自信を持っています。

【サービス案内文②】
このプログラムを導入することによって、社員一人あたりの月の残業時間を平均で20時間短縮することができます。その結果、一営業所で年間約1300万円のコストカットを実現できるでしょう。

【サービス案内文③】
開発期間に３年を費やしたこのプログラムが、今後、業界のスタンダードになることは間違いありません。いち早く導入することをおすすめします。

おそらく興味を持つのはサービス案内文②ではないでしょうか。「社員一人あたりの月の残業時間を平均で20時間短縮」「一営業所で年間約1300万円のコストカット」という具体的なベネフィットが盛り込まれているからです。

一方、サービス案内文①と③は、お客様の興味や関心を引くベネフィットが書かれていません。書かれていることは「サービスの特徴」や「読む人の興味・関心からずれた話」です。

もちろん、サービスの特徴は“基本情報”として伝えなければいけないものですが、サービスの特徴だけでは不十分です。ターゲットの興味・関心を引くには、彼ら彼女らに刺さるベネフィットを盛り込まなければいけません。

ダイエット系サービスのベネフィットは何でしょうか？

最もわかりやすいのは「やせる」でしょう。「3カ月で無理なくやせる」「リバウンドなしで健康的にやせる」――このようなベネフィットが魅力的なものであることは間違いありません。

では、「やせる」以外には、どんなベネフィットがありますか？

もしも「やせる」以外のベネフィットが思い浮かばないとしたら、残念ながら、読者から高い反応率を得ることは難しいかもしれません。もちろん、成約率や購入率も伸びないでしょう。

【ダイエット系サービスのベネフィット】

◎ スーツが似合うようになる

◎ 昔着ていた服が再び着られる

◎ 新陳代謝が良くなって免疫力が上がる

◎ 生活習慣病の予防になる

◎ 膝痛や腰痛の改善につながる

◎ 周囲からの信頼・信用が高まる

◎ 自分に自信がつく

◎ モテるようになる

◎ 水着でビーチに行くのが恥ずかしくない

◎ 疲れにくくなる

◎ 集中力が高まる＆持続する

このように「やせる」以外にもさまざまなベネフィットがあります。

中には、「やせたいとは思わないけど、仕事の集中力が高まるのはいいね」「健康になるならいいかも！」「モテるならやせたい！」とサービスに申し込む人もいるかもしれません。つまり、「やせる」というベネフィットでしか訴求していないと、潜在的なお客様を取りこぼしてしまう恐れがあるのです。

翻ってあなたが提供するサービスで考えると、どのようなベネフィットがありますか？

洗い出すときのコツは〈最もわかりやすい「ベネフィット」が手に入ると、その人はどうなるか？〉と考えてみることです。

ダイエット系サービスであれば「やせると、その人はどうなるか？」の答えすべてがベネフィットです。

なお、ベネフィットには「機能的ベネフィット」と「情緒的ベネフィット」の２種類があります。

「機能的ベネフィット」は、そのサービスを利用することで得られる機能面での利益や効果、効能のことです（例えば、軽い、頑丈、時短になる、稼げる、合格するなど）。

一方、「情緒的ベネフィット」は、そのサービスを利用することで得られる感情面での恩恵のことです（例えば、優越感や安心感、自信、幸せなど）。

サービスの案内文を書くときには、事前に「機能的ベネフィット」と「情緒的ベネフィット」の両方を洗い出したうえで、ターゲットに刺さるベネフィットを選定し、訴求していきましょう。

ベネフィットやセールス文章について詳しく学びたい人は、拙著『買わせる文章が「誰でも」「思い通り」に書ける101の法則』（明日香出版社）をご覧ください。

78 テンプレート文章術①情報発信型

「『貢献の投稿』をしたいけど、どう文章を書いていいかわからない」「書いているうちにまとまりがなくなってしまう」「支離滅裂な文章になってしまう」——という人のために「貢献の投稿」に適した文章テンプレート「情報発信型」を紹介します。

① 背景を伝える → いま世の中はこういう状況です。

〈読者の反応〉そうそう！　たしかに！　すごくよくわかる！　それ、わたしのことだ！

② 結論を伝える → こんな状況下につき○○が大事です。

〈読者の反応〉へえ、そうなの？　へえ、どういうこと？　へえ、それはおもしろい！

③ 理由・根拠を伝える → なぜなら△△だからです。

〈読者の反応〉なるほど！　そういうことか！　たしかに！

④ 具体例・詳細を伝える → 例えば◇◇です。

〈読者の反応〉うんうん、よくわかる！　へえ、完全に腹落ちした！

⑤ まとめる → だから○○が必要なのです。

〈読者の反応〉よくわかった。いい記事をありがとう！

「文章を書くスピードが遅くて困っています」。そんな声をよく耳にします。【①】

そういう悩みを持つ人には「情報収集量を増やすこと」をおすすめします。【②】

なぜなら、書くスピードが遅い原因の多くが「情報不足」にあるからです。言うなれば、料理をつくろうにも食材がない状態です。必要な情報を事前に集めることによって、書くスピードは確実に速くなります。【③】

例えば、今から15分で「『モザンビーク共和国の文化』について400文字で書いてください」と言われたら、あなたは書けますか？おそらく書けないでしょう。なぜなら、あなたが「モザンビーク共和国の文化」について情報を持っていないからです。
一方、お題が「日本の文化について」だったらどうでしょう。個人差はあれ15分で400文字の文章をつくることができるはずです。このように「文章作成のスピード」は「持っている情報の量」に比例するのです。【④】

「遅筆」な人が真っ先に取り組むべきは、情報のインプット量を増やすことです。本を読む。資料にあたる。自分で体験する。人から話を聞く。インターネットで調べる。さまざまなアプローチで情報の量を増やしましょう（必ずメモを取りましょう）。それが文章を書くスピードを速める最善策です。【⑤】

あなたがもし「遅筆」な人であれば、この文章の内容が役に立ったのではないでしょうか？ 「役に立った」という人の数だけチャリンと「信用貯金」が貯まります。

このように、情報発信型のテンプレートは、「貢献の投稿」をするNEWフリーランスにとって重宝するツールです。

文章の序盤で結論を受け取った読者が、続きの文章を読み進めながら、少しずつ納得度を高めていきます。前ページの例文でも、「③理由・根拠 → ④具体例・詳細」と読み進めていくうちに、結論（②）で示したメッセージ（＝情報収集量を増やそう）への理解と興味が深まっていきます。

とくに「モザンビーク共和国」と「日本」を比較した具体例は説得力が高く、「たしかに！」と膝を打つ人も多いはずです。

情報発信型のテンプレートは、読み手にとって読みやすいだけではなく、書き手にとって書きやすい型でもあります。序盤で結論（メッセージ）を明確にすることで、文章に「軸」ができるからです。書いている途中で話が脱線したり、「あれ、何を書きたかったんだっけ？」と迷子になったりする心配もありません。

「教える仕事」をするときにも、この情報発信型が、あなたの味方になるはずです。話を組み立てるときや、資料をつくるときなどにお役立てください。

79 テンプレート文章術②
悩みの解決型

NEW フリーランスにとって、自身のサービスの案内は避けて通れません。サービスの案内文を書くときの基本テンプレート「悩みの解決型」をご紹介します。

① 現状の課題を伝える → あなたは○○でお悩みではないですか？
〈読者の反応〉はい､悩んでいます 「なんとかしなければ！」と思っているのですが……
② 解決策を伝える → あなたの悩みは解決できます。
〈読者の反応〉へえ、そうなの？
③ サービスを伝える → 具体的には△△という方法があります。
〈読者の反応〉そういうサービスなのか！
④ ベネフィットを伝える → この商品(サービス)を使うことで、あなたは◎◎を手にすることができます。
〈読者の反応〉それはいい！　そうなりたい！　すぐに欲しい！

人前で自信満々に話せる人は少数です。
あなたも次のような悩みを持っているのではないでしょうか？

✓人前に立つと、手や足がふるえる
✓話しているうちに頭の中が真っ白になる
✓会議で伝えたいことをうまく言うことができない

✓スピーチで恥をかくのが怖い
✓周りの視線が気になって、心臓がバクバクしてしまう
✓人前で発言しなくて済むよう、いつも逃げ回っている
✓話す前から緊張で大量の汗が出る
✓話しているときに「あいつはダメだ」と思われているのではないか、と気になる【①】

ご安心ください。あがり症は、個性や資質という問題ではありません。「なぜ人はあがるのか？」というメカニズムを理解したうえで、適切に対処することで、誰でも必ず克服することができます。【②】

7月9日（水）開催の「ドギマギせずに人前で話せるようになる『あがり症克服セミナー』」では、あがり症になるメカニズムに加え、あがらなくなるマインドセットと対処法を具体的にお伝えします。「なんだ、そういうことか」と腹落ちすれば、あがり症の症状がみるみる消えていきます。【③】

このセミナーを受けた日から、極度の緊張とあがりから解放されて、手足がふるえることや、頭が真っ白になることがなくなります。また、どんな大人数の前でも、ドキドキせず自信を持って伝えたいことを伝えられるようになります。堂々と話すあなたを見て、好意と信頼を寄せる人も出てくるでしょう。あなたも、この『あがり症克服セミナー』で人生の景色を変えてみませんか？【④】

〈以下、セミナーの詳細＆概要など〉

いきなり「こういうサービスがあります！」と案内しても、人はなかなか興味を持ってくれません。ターゲットが抱える「① 現状の課題」を伝えて、「まるで自分に向けて書かれたような文章だ！」と前のめりになってもらう必要があります。

①で興味を引くことができれば、続きを読んでもらえる可能性が高まりますが、ここで興味を持たれなければ、遅かれ早かれ離脱されてしまうでしょう。

ターゲットの興味と関心を引きつけるためには、当てずっぽうで書いてはいけません。事前にターゲットのニーズを把握しておくことが大切です。

「現状の課題」を〈自分ごと〉として捉えたターゲットに対して、魅力的なサービスを提案し、最後はベネフィットで締めてください。

お気づきの人もいると思いますが、「現状の課題 → ベネフィット」の流れは、そのまま「ビフォア・アフター」になっています。

④のベネフィットを読んでいるとき、ターゲットはワクワクしていますか？　期待に胸を躍らせていますか？　答えが「イエス」であれば、反応率の高いサービス案内文になっているはずです。

どれだけすばらしいサービスでも、「現状の課題」や「ベネフィット」が表現されていない案内文では購入してもらえません。ターゲットの立場に立ち、彼ら彼女らの気持ちに寄り添いながら、あなたのサービスの必要性に気づかせてあげましょう。

80 検索流入に欠かせない SEO ライティング

ブログや公式サイトに文章を書く以上、SEO（検索エンジン最適化）への意識を持っておく必要があります。

公式サイトやブログにアクセスしてくる人は、どうやって、そこにたどり着いたのでしょうか？　多くの場合、「検索」でしょう。見ず知らずの人に検索経由できてもらえることが、公式サイトやブログの魅力です。

例えば、渋谷区で弁護士を探している人は、Google の検索エンジンに「弁護士　渋谷」と打ち込む可能性があります。このとき検索ページに上位表示されやすいのはどういうブログでしょうか。

Google の検索エンジンは、さまざまな要素をもとに、検索の表示順位を決めています。中でも重視しているのが「キーワード」です。とくに以下の５つに盛り込むキーワードには意識を払いましょう。

◎ ブログのタイトル
◎ ブログの説明文（ディスクリプション）
◎ 個別の記事タイトル
◎ ブログの見出し
◎ ブログの本文

仮に、渋谷区のフリーの弁護士が運営するブログのタイトルが「庄司の徒然日記」だった場合と「渋谷区の弁護士・山口庄司の離婚問題解決所」だった場合、「弁護士　渋谷」の検索で上位表示されやすいのは、当然、後者です。

また、ブログタイトルが「渋谷区の弁護士・山口庄司の離婚問題解決所」であれば、「離婚　解決　渋谷」「離婚問題　弁護士」などで検索された場合にも、上位に表示される可能性が高くなります。

このように、**職種や商圏（地域名や駅名）、特性・専門性をブログタイトルに含めることで、戦略的に「自分が望むお客様」にアクセスしてもらうことができるのです。**

一方、前者の「庄司の徒然日記」では、検索表示の上位10位どころか、100位に入らない可能性もあります。「自分が望むお客様」に見つけてもらいにくくなります（人が検索表示ページで詳しく見るのは、せいぜい1～20位でしょう）。

SEO対策を考える際、公式サイトやブログのタイトルはとても重要です。好き勝手につけるのはNGです。あなたの情報やサービスを必要としている人が、どういうキーワードで検索をするか、あるいは、どういうキーワードで自分のことを見つけてもらうと興味を持たれやすいか、といったことを考えてつける必要があります。

リサーチ方法としては、既存のお客様に「弁護士を探すときに、検索窓にどういうキーワードを入れますか？」と聞く。あるいは、実際に検索でブログにたどり着いた人に「どういうキーワードを入れましたか？」と聞く方法などが有効です。

同時に、「Googleアナリティクス」をはじめとするアクセス解析ツールをチェックし、「どういうキーワードで検索した人が公式サイトやブログにきているか」の傾向をつかんでおくことも大切です。

また、検索窓にキーワードを打ち込む際に表示される「サジェストキーワード（候補キーワード）」や、ある単語を入力すると、その単語に関連するキーワードが一覧表示されるツール「goodkeyword」なども、文章作成時のキーワード選定に使えます（検索頻度が高いキーワードを把握できるため）。キーワードへの感度を高めて、公式サイトやブログのアクセスアップに役立てましょう。

ブログであれば、個別の記事タイトルも重要です。仮に「アスリート、入浴、疲労回復」などのキーワードを含んだ記事タイトルと、そうでない記事タイトルでは、「アスリートの疲労回復法　入浴」という検索で上位表示されやすいのは、「キーワードを含んだ」記事のほうです。検索されやすいタイトルの記事が、10記事、100記事、300記事と増えるにつれ、新規アクセスが増えていきます。

ほかにも、ブログ記事の文章量は多いほうが、また、記事の中身は濃いほうがGoogleに評価されやすい傾向にあります。GoogleのAIは日進月歩で、今では人間と同じくらいの精度で記事の"良し悪し"を判断しているとも言われています。つまり、小手先のテクニックはますます通じなくなっている、ということ。

心配することはありません。NEWフリーランスが行う「貢献の投稿」は、Googleが好む「社会（検索者）の役に立つ記事」と一致します。そう、専門性に基づく「貢献の投稿」こそが最強のSEOなのです。

81 個人の評価基準であるE-A-Tを高めていこう

「E-A-T」をご存知でしょうか？　E-A-TとはGoogleの「検索品質評価ガイドライン」に記されているウェブサイトを評価する基準のひとつで、「専門性、権威性、信頼性（※）」の頭文字を並べた言葉。簡単に言えば、Googleが「専門性／権威性／信頼性」が高いウェブサイト・ページを評価している、ということです。

わたしの場合、「文章の書き方」をテーマに10年以上、情報発信をしています。また、文章関連の本を国内で10冊以上出版しています（Amazonなどに掲載されています）。Googleはインターネット上の情報のつながりをすべて見ているため、おそらく「山口拓朗＝文章の専門家」として評価してくれているはずです。E-A-Tが高いと、誰かが検索をしたときに上位表示されやすくなります。

ほかにも、専門性に特化したプロフィールがある。信頼性の高いウェブサイト＆メディアに「山口拓朗」に関連する高評価な記述がある（あるいは、山口の公式サイトやSNSへリンクが送り出されている）。SNS上で山口拓朗のことを紹介している人が大勢いる――こういう状況もE-A-Tの上昇に一役買っていると思われます。

E-A-Tを高めるうえでも、自身の専門性とスキルに基づいて「貢献の投稿」をし続ける方法が有効です。小手先でごまかそうとしてもGoogleには見破られます。信頼性の高い「人・サイト・メディア」とつながりながら、専門性を磨き、実績を積み、本物を目指すことが肝心です。あなたも、本物を目指してください。

※専門性＝Expertise、権威性＝Authoritativeness、信頼性＝Trustworthiness

おわりに

コロナ禍をきっかけに、ワークスタイルやライフスタイルが激変する折、あなたの仕事と人生の可能性を広げる「トリガー（引き金）」になればと思い、本書の筆を執りました。

NEW フリーランスという生き方に込めた裏メッセージは「これまでの常識にとらわれず、あなたの人生を生きる」です。

誰かに縛られることなく——、あなたの専門性やスキルや個性を存分に使い——、成長する喜びを感じながら——、人生の可能性を感じながら——、誰かに喜ばれながら——、豊かな収入を手に入れながら——、人生を輝かすことができる生き方です。

この先、会社員、経営者、フリーランスなどの垣根がわかりにくくなり、その働き方はより玉虫色になっていくでしょう。

そんな過渡期ゆえ「請負仕事」と「CtoC 型サービス提供」を兼ね備えた NEW フリーランスという生き方に価値があるのです。

あなたは、もう NEW フリーランスという働き方・生き方があることを知ってしまいました。

もちろん、「知っていること」と「できること」は違います。

頭の中にただしまわれている「知識」には、何の価値もありません。行動というアウトプットによってその知識を活用したときに、はじめて価値が生まれます。

ご安心ください。本書では、誰でもできるスモールステップをたくさん紹介しています。

ブログを書きはじめる。プロフィールをつくる。ポートフォリオをつくる。サービスメニューをつくる。情報発信をする。できそうなところからスタートさせましょう。

あなたがまだ独立前なら、会社員時代に人脈をつくり、専門性を磨き、競合や市場をリサーチし、SNSのアカウントを取る。できることはたくさんあります。

自分の可能性を信じる人生は楽しいものです。NEWフリーランスという働き方・生き方を通じて、あなたの人生が明るく発光することを願っています。

本書の執筆に際しては、明日香出版社の久松圭祐さんに大変お世話になりました。久松さんとは、ロングセラーになっている『伝わる文章が「速く」「思い通り」に書ける87の法則』を含め、本書で5作目のタッグとなります。今回もありがとうございました。

妻の朋子と娘の桃果にもお礼を言わせてください。2人からは、いつもアイデアの種と元気をもらっています。ありがとう。

NEWフリーランス仲間としてあなたにお会いできることを楽しみにしています。

2020年10月　山口 拓朗

読者限定！ 音声プレゼント！

NEWフリーランスの情報発信方法&CtoC型ビジネスのつくり方

著者の山口拓朗より
読者の皆さまへ感謝の気持ちを込めて
無料音声のプレゼントをご用意しました
本書の内容とあわせてご活用ください

https://maroon-ex.jp/fx74022/lvMCRP

※ダウンロードされた方には、山口拓朗のメールマガジンで継続して情報をお届けします

山口拓朗ライティングサロン LINE公式アカウント

文章力や情報発信力を鍛えたい方へ
「令和のトキワ荘」を標榜する
山口拓朗ライティングサロンの
情報を定期的に配信します

QRコードからアクセスしてください
https://lin.ee/Gt5L4TF

作家&講演家・山口拓朗の公式チャンネル

YouTube動画公開中！

QRコードからアクセスしてください
（チャンネル登録をお願いします）
https://www.youtube.com/c/yamatakuTV

このサービス等は予告なく変更・終了する場合があります。予めご了承ください。

■著者略歴
山口　拓朗（やまぐち・たくろう）
伝える力【話す・書く】研究所所長／
山口拓朗ライティングサロン主宰

出版社で編集者・記者を務めたのちフリーライターとして独立。25年間で3500件以上の取材・執筆歴がある。現在は執筆活動に加え、動画、音声、講演や研修を通じて「論理的な文章の書き方」「好意と信頼を獲得するメールの書き方」「売れるセールス文章&キャッチコピーの作り方」「集客につなげるブログ発信術」など実践的ノウハウを提供。CtoC型ビジネスにも注力している。
また、中国の6大都市で「Super Writer養成講座」も開催中（現在23期）。

著書は『伝わる文章が「速く」「思い通り」に書ける87の法則』『買わせる文章が「誰でも」「思い通り」に書ける101の法則』『文章が劇的にウマくなる「接続詞」』（いずれも明日香出版社）『9割捨てて10倍伝わる「要約力」』（日本実業出版社）など20冊以上。文章作成の本質をとらえたノウハウは言語の壁を超えて高く評価されており、中国、台湾、韓国など海外でも翻訳されている。

山口拓朗の公式サイト
http://yamaguchi-takuro.com/

山口拓朗ライティングサロン
https://yamataku-salon.com/

山口拓朗の連絡先
yama_tak@plala.to

本書の内容に関するお問い合わせは弊社HPからお願いいたします。

NEWフリーランスの稼ぎ方

2020年　11月　22日　初版発行

著　者　山口拓朗
発行者　石野栄一

明日香出版社
〒112-0005 東京都文京区水道2-11-5
電話（03）5395-7650（代表）
（03）5395-7654（FAX）
郵便振替 00150-6-183481
https://www.asuka-g.co.jp

■スタッフ■　BP事業部　久松圭祐／藤田知子／藤本さやか／田中裕也／朝倉優梨奈／竹中初音
BS事業部　渡辺久夫／奥本達哉／横尾一樹／関山美保子

印刷　株式会社文昇堂
製本　根本製本株式会社
ISBN 978-4-7569-2116-1 C0034

編集担当　久松圭祐

山口拓朗のビジネス書

伝わる文章が
「速く」「思い通り」に書ける
87の法則

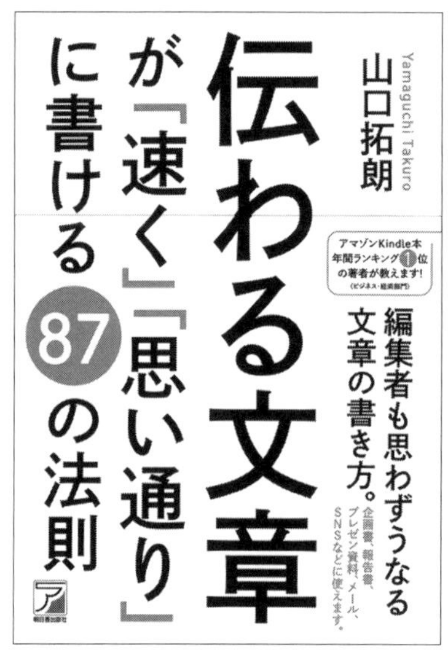

本体 1400 円＋税

B６判　232 ページ

ISBN978-4-7569-1667-9

『書いた文章がなかなか伝わらない』『文章を書くのが下手で、時間だけがどんどん過ぎていってしまう』。このような悩みを持っている人のために、短時間に正確で伝わる文章を作成するテクニックを 87 項目でまとめました。

伝わるメールが「正しく」「速く」書ける92の法則

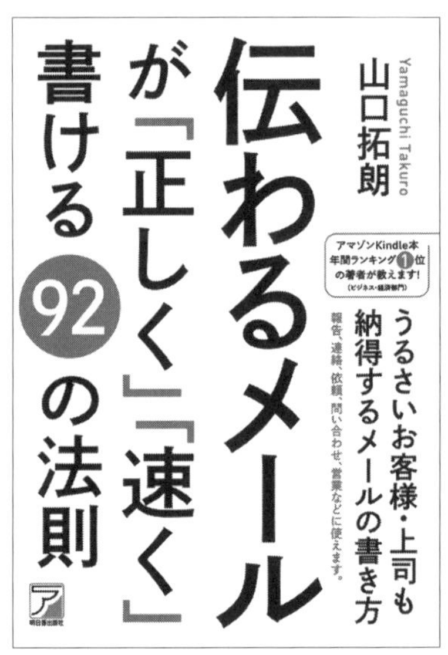

本体 1400 円+税

B 6 判　232 ページ

ISBN978-4-7569-1881-9

「何を言いたいのか分からない」というメールを書かないようにするための本。よいメールの書き方とダメなメールの書き方を比較しながら解説します。

また、おかしな敬語や間違った日本語を使わないい書き方もマスターできます。